安心な会社で働きたいわ！

60歳以上の社員を雇用する手続きと税金

老後もまだまだ働きたいな

社会保険労務士法人CSHR
CSアカウンティング株式会社   著

税務経理協会

はじめに

「一億総活躍社会」──若者や高齢者、女性も男性も、障害や難病のある方々も、みんなが包摂され活躍することができる社会とのことですが、これについては"年寄りや女性にもっと働けと煽っている""就労はそんなに甘くない"などと批判されることがあります。また、就労者の多様性が広がれば、短期的に見て、受け入れる企業にとってもトラブルや問題が増えることは間違いないでしょう。

しかし、果たして、少子高齢化による人手不足の深刻化が叫ばれている日本において、企業は社員の多様性を受け入れないまま生き残ることは可能なのでしょうか。「一人ひとりが個性と多様性を尊重され、家庭で、地域で、職場で、それぞれが生きがいを感じることができる社会」は、少なくとも今後の日本社会の進路であり、その先にある、来るべき社会を見据え、企業が適応すべく努力することは、今後企業が躍進するために必要なことだと思います。

働き手の多様性が増す中にあって、企業が最も注目すべき人材が60歳以上のシニア社員です。彼らは、これまで培った能力・経験からして企業活動の即戦力となる場合も多く、彼らを企業活動にいかに上手に組み入れ、いかに活かしてゆくかが、その企業の今後に少なからぬ影響を与えると思います。

しかし、60歳以上の社員を雇用するに当たっては、手続が煩雑であったり、特有の留意点があったりと労務管理が容易ではありません。

そこで、本書では、60歳以上の社員を雇用する際に必要な知識や手続等を体系立てて、様式や記入例を交えて説明し、実務ですぐに役立つようにしています。

本書が、60歳以上の社員を雇用する・雇用しようとしている企業の人事担当者・事業主の皆さんにとって少しでもお役に立つことができれば幸いです。

本書の出版にあたっては、社会保険労務士の桑原孝浩氏のアドバイスのうえ執筆いたしました。また本書の発刊にあたっては、税務経理協会の編集部の吉冨智子様に企画から編集に至るまで大変お世話になりました。この場を借りてお礼を申し上げます。

2019年9月

CSアカウンティング株式会社

執筆者一同

目　次

はじめに

【第1章】60歳以上の社員の雇用にまつわる制度

Topic 1　**高年齢者雇用安定法**　*2*

  1　高年齢者雇用安定法（高年齢者等の雇用の安定等に関する法律）の概要　*2*

  2　高年齢者雇用安定法の事業主に関わる規定　*2*

Topic 2　**在職老齢年金制度（厚生年金保険法）**　*009*

  1　在職老齢年金制度の概要　*009*

  2　60歳台前半の在職老齢年金　*009*

  3　65歳以降の在職老齢年金　*014*

  4　その他　*017*

Topic 3　**高年齢雇用継続給付制度（雇用保険法）**　*021*

  1　高年齢雇用継続給付制度の概要　*021*

  2　老齢厚生年金と高年齢雇用継続給付の併給調整について　*030*

Topic 4　**労働契約法**　*032*

  1　無期転換制度　*032*

  2　定年後引き続き雇用される有期雇用労働者に対する労働契約法の特例　*034*

【第2章】社員が60歳を迎える前に

  1　就業規則の概要とルール　*038*

  2　定年後引き続き雇用される有期雇用労働者に対する労働契約法の特例　*045*

  3　セカンドライフ支援とキャリアデザイン支援制度　*049*

【第3章】60歳以上の社員を雇用する際の手続き

Topic 1 60歳以上の社員を定年後継続して再雇用する場合 *054*
  1 雇用契約の締結 *054*
  2 60歳以上の社員の職務内容 *057*
  3 同一労働同一賃金とは *063*
  4 賃金の設定 *067*
  5 同日得喪の手続き *071*
  6 高年齢雇用継続基本給付金の手続き *076*
  7 社会保険加入対象かどうかの判断 *082*
Topic 2 60歳以上の社員を新たに雇用する場合 *087*
  1 雇用契約の締結 *087*
  2 発生する手続きと留意点 *088*
Topic 3 60歳以上の社員の雇用と助成金 *092*
  1 65歳超雇用推進助成金 *092*
  2 特定求職者雇用開発助成金(特定就職困難者コース) *094*
  3 特定求職者雇用開発助成金 （生涯現役コース） *095*

【第4章】60歳以上の社員が在職中の手続き

Topic 1 60歳以上の社員在職中の月次業務と手続き *098*
  1 給与計算 *098*
  2 高年齢雇用継続給付手続き *101*
Topic 2 60歳以上の社員在職中の年次業務と手続き *103*
  1 労働保険の年度更新 *103*
  2 70歳以上被用者の報酬月額の算定と賞与 *104*
  3 高年齢者雇用状況報告 *109*
Topic 3 60歳以上の社員の在職中に必要に応じて行う手続き *112*
  1 65歳を迎えた場合の被扶養者の手続き *112*
  2 70歳を超えた場合の厚生年金喪失手続き *113*
  3 75歳を迎えた場合の健康保険喪失手続き *114*

Topic 4　60歳以上の社員が病気・怪我をした場合　*116*

　　　1　労災・通勤災害の場合の給付金　*116*

　　　2　傷病手当金制度　*132*

　　　3　労災と事業主の義務―老齢に対する事業主の健康管理と
　　　　　労災の関係等　*142*

Topic 5　60歳以上の社員が介護休業する場合　*148*

　　　1　介護に関する事前の取り組み　*148*

　　　2　介護休業制度　*149*

　　　3　介護休業給付金（雇用保険法61条の6）　*150*

【第5章】60歳以上の社員が退職する際の手続き

Topic 1　60歳以上の社員が退職する場合に会社が行う手続き　*156*

　　　1　社会保険手続き　*156*

　　　2　雇用保険手続きと失業給付制度の概要　*158*

　　　3　多数離職届　*161*

　　　4　退職金について知っておきたい基礎知識　*164*

　　　5　退職金支給時の税務上の手続き　*168*

Topic 2　60歳以上の社員が退職する場合に本人が行う手続き　*173*

　　　1　退職後の健康保険加入　*173*

　　　2　退職後の所得税・住民税等の納税　*176*

　　　3　退職後年金の裁定請求　*179*

Topic 3　60歳以上の社員が死亡退職した場合の手続き　*184*

　　　1　社会保険の手続き　*184*

　　　2　業務災害または通勤災害で亡くなった場合　*189*

　　　3　給与計算の取扱い　*197*

【第6章】60歳以上の社員を雇用する場合の税金

Topic 1　個人編―退職者側の税金　*202*

　　　Q1　社員を継続雇用する場合　*202*

　　　Q2　退職後にフリーランスとして会社と取引する場合　*205*

　　　Q3　退職後に他の会社からも給与を受領する場合　*208*

Q4 公的年金を受け取る場合　*210*

Q5 継続雇用になった際に退職金を受領した場合　*215*

Q6 退職後に業務委託に切り替える場合　*217*

Q7 高年齢雇用継続基本給付金を受領した場合　*219*

Topic **2　法人編—会社側の税金**　*221*

Q1 継続雇用にした際に退職金を支払った場合　*221*

Q2 退職後に業務委託に切り替える場合　*224*

Q3 雇用に関する給付金を受領した場合　*226*

参考文献　*229*

会社紹介・執筆者紹介　*231*

【凡例】

本文中で使用している主な法令等の略語は，次のとおりです。

略語表記	法令及び通達等
高年法　または　高年齢雇用安定法	高年齢者等の雇用の安定等に関する法律
労契法	労働契約法
労基法	労働基準法
労基則	労働基準法施行規則
パート・有期法	短時間労働者及び有期雇用労働者の雇用管理の改善等に関する法律
パート・有期雇用労働則	短時間労働者及び有期雇用労働者の雇用管理の改善等に関する法律施行規則
労働施策総合推進法	労働施策の総合的な推進並びに労働者の雇用の安定及び職業生活の充実等に関する法律
所法	所得税法
所令	所得税法施行令
所基通	所得税基本通達
消基通	消費税法基本通達
法基通	法人税基本通達
措法	租税特別措置法
災害減免法	災害被害者に対する租税の減免、徴収猶予等に関する法律

【例】所法121①二　→　所得税法121条1項2号

【第1章】

60歳以上の社員の
雇用にまつわる制度

Topic

1

高年齢者雇用安定法

1……高年齢者雇用安定法（高年齢者等の雇用の安定等に関する法律）の概要

　高年齢者の安定した雇用の確保の促進・高年齢者等の再就職の促進、定年退職者その他の高年齢退職者に対する就業の機会の確保等の措置を講じて、高年齢者等の職業の安定その他福祉の増進を図るとともに、経済及び社会の発展に寄与することを目的とする法律です（高年法1条（目的）より抜粋）。

　もともとは45歳以上の中高年齢者を対象に「中高年齢者等の雇用の促進に関する特別措置法」として昭和46年に制定された法律ですが、急速に加速する我が国の高齢化に呼応するように法改正が重ねられ、平成16年（2004年）には事業主に対して①定年年齢の引上げ、②継続雇用制度の導入、③定年の定めの廃止のいずれかの実施を法的義務としました。

　さらには平成24年（2012年）改正で、定年後の雇用の希望者全員が継続雇用制度の対象者になるように企業に義務付けました（平成25年4月1日施行）。

2……高年齢者雇用安定法の事業主に関わる規定

1 65歳までの雇用を確保するための制度（高年法9）

　事業主は高年齢者を雇用するにつき、65歳まで雇用する機会を確保する義務があります。

（イ） 定年年齢に関して

　事業主は、社員の定年を定める場合、定年年齢を60歳以上とする必要があります（高年法8）。

（ロ） 高年齢者雇用確保措置に関して

　定年年齢を65歳未満と定めている事業主は、その雇用する高年齢者の65歳までの安定した雇用を確保するため、

　　・65歳までの定年の引上げ

　　・65歳までの継続雇用制度の導入

　　・定年の廃止

のいずれかの措置（高年齢者雇用確保措置）を実施する必要があります。

　なお、当面60歳に達する社員がいない場合でもいずれかの措置を実施する必要があります。

（1）継続雇用制度について

　継続雇用制度とは、雇用している高年齢者を本人が希望すれば定年後も引き続いて雇用する、「再雇用制度」等をいいます。3つのうちで雇用確保措置としてもっとも多くの会社で選択され運用されている制度です。

　継続雇用制度の対象者は、以前は労使協定で定めた基準によって限定することが認められていましたが、平成24年の改正で、希望者全員を対象とすることが必要となりました（平成25年4月1日施行）。また、継続雇用先は自社だけでなく、グループ会社とすることも認められています。

（2）継続雇用制度に関する平成24年改正の背景と概要

（イ） 改正の背景

　年金制度改革により厚生年金の支給開始年齢の引上げにより、雇用が継続されず、また年金も支給されない「無収入」状態に陥る高年齢者世帯が発生しないように法制度が改正され整備されました。

（ロ） 継続雇用制度の対象者を限定できる仕組みの廃止

　上記記述の「無年金・無収入となる者」が発生しないよう、平成16年改正で義務付けた高年齢者雇用確保措置のうち「継続雇用制度」の運用で認めていた「労使協定で基準を定めた場合は継続希望者全員を対象にしない」制度を廃止する改正になります。

平成24年（2012年）改正前
①定年の引上げ ②継続雇用制度の導入 　※労使協定により基準を定めた場合は希望者全員を対象にしない制度を認める ③定年の定めの廃止

平成24年（2012年）改正後
①定年の引上げ ②継続雇用制度の導入 　※対象者を限定できる仕組み（上記の下線部分）は平成25年（2013年）4月より 　　廃止する ③定年の定めの廃止

　ただし、平成25年4月1日施行までに労使協定により継続雇用制度の対象者を限定する基準を設けていた事業主は、老齢厚生年金（報酬比例部分）の受給開始年齢に到達した以降の者を対象に、その基準を引き続き利用できる12年間の経過措置が認められています。

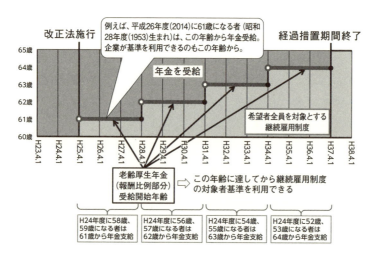

　また、心身の故障のため業務に堪えられないと認められること、勤務状況が著しく不良で引き続き社員としての職責を果たし得ないこと等、就業規則に定める解雇事由又は退職事由（年齢に係るものを除く）に該当する場合には、継続雇用しないことは可能です。
　ただし、継続雇用しないことについては、客観的に合理的な理由があり、社会通念上相当であることが求められることに留意が必要です。

(ハ)　継続雇用制度の対象者を雇用する企業の範囲の拡大

　継続雇用先の範囲をグループ企業にまで拡大し、その特例を利用するためには「継続雇用制度の対象となる高年齢者を定年後に特殊関係事業主が引き続いて雇用することを約する契約」を締結することが必要になる、と要件を明確にしました。

〔継続雇用先の範囲〕

　継続雇用先の範囲を拡大する特例において、グループ会社（特殊関係事業主）とされるのは、

　　イ　元の事業主の子法人等
　　ロ　元の事業主の親法人等
　　ハ　元の事業主の親法人等の子法人等
　　ニ　元の事業主の関連法人等
　　ホ　元の事業主の親法人等の関連法人等

のグループ会社で、図にすると次になります。

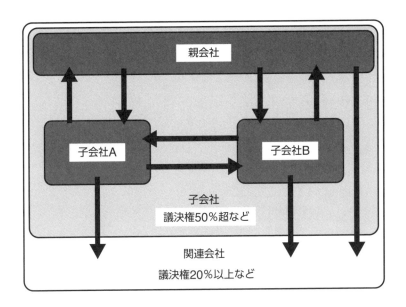

　また、他社を自己の子法人等にする要件（図1）、他社を自己の関連法人等とする要件（図2）について基準が定められています。

図１：他社を自己の子法人等にする要件

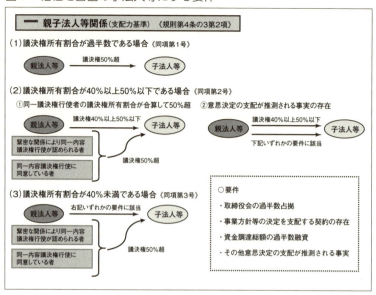

図２：他社を自己の関連法人等とする要件

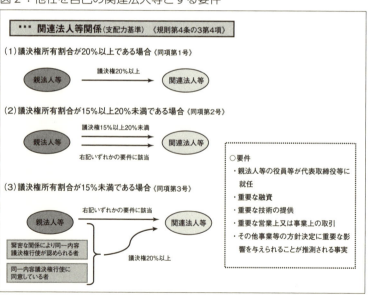

（二）義務違反の企業に対する公表規定の導入

　高年齢者雇用確保措置が講じられていない企業が、高年齢者雇用確保措置の実施に関する勧告を受けたにもかかわらず、これに従わなかったときは、厚生労働大臣によりその旨を公表できることが条文に加えられました。これにより、高年齢者雇用確保措置の対応の状況などにかんがみ、必要に応じ企業名の公表を行い、各種法令等に基づき、ハローワークでの求人の不受理・紹介保留、助成金の不支給等の措置を講じることにしています（高年法10）。

2 中高年齢離職者に対する再就職の援助に関する条文

(1) 中高年齢者の再就職援助
　事業主は、解雇等により離職が予定されている45歳以上65歳未満の社員が希望するときは、社員の再就職の援助に関して必要な措置を実施するよう努める必要があります（高年法15）。

(2) 求職活動支援書の交付
　事業主は、解雇等により離職が予定されている45歳以上65歳未満の社員が希望するときは、「求職活動支援書」を作成し、社員に交付する必要があります（高年法17）。

3 高年齢者雇用に係わる届出に関する条文

(1) 高年齢者雇用状況報告
　事業主は、毎年6月1日現在の高年齢者の雇用に関する状況（高年齢者雇用状況報告）を管轄のハローワークに報告する必要があります（高年法52①）。
　毎年報告時期の6月初旬になるとハローワークから従業員31人以上規模の事業所に報告用紙が送付されますので、受理した会社は期限までに報告する必要があります。

(2) 多数離職届
　事業主は、1カ月以内の期間に45歳以上65歳未満の者のうち5人以上を解雇等により離職させる場合は、あらかじめ、「多数離職届」を管轄のハローワークに提出する必要があります（高年法16）。

007

高年齢者雇用安定法の主な改正内容と法改正の変遷

　高年法はこれまで時代の流れに呼応して法改正を重ねてきた法律ですが改正内容は以下のような流れになります。急速に加速する高齢化社会での高齢者雇用促進へ、何とか対策を打つべく政府の苦心ぶりがこの変遷からも読み取れます。企業側にも急激な負担をかけないように、努力義務から開始し、法的義務化へ改正し、現在に至っています。

年	主な改正点
昭和46年（1971年）制定	「中高年齢者等の雇用の促進に関する特別措置法」制定
昭和61年（1986年）改正	●法律名改正　「中高法」→「高年齢者等の雇用の安定等に関する法律」 ●60歳定年の努力義務化
平成2年（1990年）改正	●65歳までの定年後希望者の再雇用の努力義務化
平成6年（1994年）改正	●60歳定年の義務化（60歳未満の定年制度廃止）
平成12年（2000年）改正	●①定年の引上げ②継続雇用制度の導入等による高年齢者雇用確保措置導入の努力義務化
平成16年（2004年）改正	●①定年の引上げ②継続雇用制度の導入③定年の定めの廃止による高年齢者雇用確保措置導入の法的義務化

Topic

2

在職老齢年金制度（厚生年金保険法）

第1章 60歳以上の社員の雇用にまつわる制度

1……在職老齢年金制度の概要

在職老齢年金とは、厚生年金加入対象者が、老齢厚生年金を受け取る場合、その方の給与や賞与の金額に応じて、老齢厚生年金受給額の一部又は全部の支給が停止されることです。

一部又は全額支給停止となった老齢厚生年金額は、後日還付されることはありません。

60歳以降、在職中の社員が老齢厚生年金の受け取りを始めた場合や、老齢厚生年金受給者が入社し厚生年金保険へ加入する場合が想定されます。また、70歳以上の方は厚生年金保険へ加入しませんが、社会保険加入条件を満たす働き方をする場合には、当該在職老齢年金制度の対象となります。

旧厚生年金保険法では老齢年金の支給要件に「退職」が含まれており、在職中は老齢年金を支給しないことが原則でしたが、高齢者の就労促進や現役世代の保険料負担とのバランスを鑑みながら改正されてきました。短時間就労者に関する厚生年金保険の対象者の拡大や70歳以上の厚生年金被保険者ではない方等へも在職老齢年金制度を適用する等、併給調整対象者も増えて来ているため、在職老齢年金の支給調整が入るケースもよく見受けられるのではないでしょうか。

2……60歳台前半の在職老齢年金

当該在職老齢年金制度は、シニア社員の年齢が60歳台前半なのか、65歳以降なのかに応じて、それぞれの計算式が法律で定められています。

まず本稿では、60歳台前半の在職老齢年金制度について説明します。

計算式は下記の通りとなります。

基本月額と総報酬月額相当額	計算方法 (在職老齢年金制度による調整後の年金支給月額)
基本月額と総報酬月額相当額の合計額が28万円以下の場合	全額支給
総報酬月額相当額が47万円以下で基本月額が28万円以下の場合	基本月額－(総報酬月額相当額＋基本月額－28万円)÷2
総報酬月額相当額が47万円以下で基本月額が28万円超の場合	基本月額－総報酬月額相当額÷2
総報酬月額相当額が47万円超で基本月額が28万円以下の場合	基本月額－{(47万円＋基本月額－28万円)÷2＋ (総報酬月額相当額－47万円)}
総報酬月額相当額が47万円超で基本月額が28万円超の場合	基本月額－{47万円÷2＋(総報酬月額相当額－47万円)}

(H31.4.1時点)

以下、それぞれの用語の意味について解説します。

1 「基本月額」とは

「加給年金額」を除いた「特別支給の老齢厚生年金」の月額をいいます。

(1) 特別支給の老齢厚生年金

60歳台前半の特別支給の老齢厚生年金は、下記それぞれの項目毎に算出された金額の合算額となります。

報酬比例部分＋定額部分＋加給年金額

※ 厚生年金基金に加入していた期間がある場合は、厚生年金基金に加入しなかったと仮定して計算した老齢厚生年金の年金額をもとに計算します。

実際には、老齢厚生年金受給者自らが在職老齢年金の金額を算出する、あるいは特別な申告手続きを行わなければいけないわけではなく、日本年金機構が把握している情報に基づき、必要に応じて、自動的に支給調整や支給停止されることになります。

また日本年金機構から共済組合へも日本年金機構が把握している標準報酬月額や標準賞与額の情報が伝達されますので、共済組合等が支給する老齢厚生年金も、必要に応じて自動的に支給調整や支給停止されることになります。共済組合等に対しても当該受給者本人からの申請は不要です。

遡って標準報酬月額が変更になったり、遡って賞与届が提出されたり等、手続遅延が起こると、付随して老齢厚生年金額も遡って支給調整や支給停止されることになります。また、共済組合から支給される老齢厚生年金ですと、日本年金機構から共済組合への情報提供へも時間がかかるため、更に老齢厚生年金調整の時期が遅れることとなります。

(2) 加給年金額

　厚生年金保険と共済組合等の被保険者期間を合わせて原則20年（※1）以上ある方が、65歳到達時点（または定額部分支給開始年齢に達した時点）で、その方に生計を維持されている下記の配偶者または子がいるときに加算されます。65歳到達後（または定額部分支給開始年齢に到達した後）、被保険者期間が20年（※1）以上となった場合は、退職改定時に生計を維持されている下記の配偶者または子がいるときに加算されます。

対象者	加給年金額	年齢制限
配偶者	224,500円※2	65歳未満であること （大正15年4月1日以前生まれの配偶者には年齢制限はありません）
1人目・2人目の子	各224,500円	18歳到達年度の3/31までの間の子、または20歳未満で障害等級1級・2級の状態にある子
3人目以降の子	各74,800円	

（※1）中高齢の資格期間の短縮の特例を受ける方は、厚生年金保険（一般）の被保険者期間が15～19年。
（※2）老齢厚生年金を受け取っている方の生年月日に応じて、配偶者の加給年金額に33,200円～165,600円が特別加算されることがあります。ただし、配偶者が老齢厚生年金（被保険者期間が20年以上または共済組合等の加入期間を除いた期間が40歳（女性の場合は35歳）以降15年以上の場合に限る）、退職共済年金（組合員期間20年以上）、または障害年金を受け取る間は、配偶者の加給年金額は支給停止となります。

2 「総報酬月額相当額」とは

(その月の標準報酬月額)＋(直近１年間の標準賞与額の合計)÷12をいいます。

(1) 標準報酬月額

　毎月の給与に応じて標準報酬月額表に基づき定められる厚生年金保険料の算出元となる金額です。その上限額は62万円となりますので、例えば100万円の月給を受け取っている方の標準報酬月額は62万円です。

 標準報酬月額には通勤手当額も含まれます。税法とは収入に含める範囲が異なりますので、注意が必要です。

(2) 標準賞与額

　賞与の1,000円未満の端数を切り捨てた金額です。その上限額は１ヶ月あたり150万円となりますので、例えば300万円の賞与を受け取った方の標準賞与額は150万円です。

　10ページの計算式にある「28万円（支給停止調整開始額といいます）」及び「47万円（支給停止調整変更額といいます）」の金額については、賃金や物価の変更に応じて毎年見直されています。直近では2019年４月１日付で支給停止調整変更額が「46万円」から「47万円」へ改定されました。毎年見直される点に注意が必要です。

　参考までに下記がその一覧表です。ご覧の通り、支給停止調整変更額が増額したことにより、従来は在職老齢年金として年金額が全額停止や一部停止されていた方でも、2019年４月以降に停止解除される可能性があります。

	平成30年度	平成31年度
60歳台前半（60歳～64歳）の支給停止調整開始額	28万円	28万円
60歳台前半（60歳～64歳）の支給停止調整変更額	46万円	47万円
60歳台後半（65歳～69歳）と70歳以降の支給停止調整額	46万円	47万円

　実際に計算してみましょう。

> 特別支給の老齢厚生年金300万円（加給年金額除く）
> その月の標準報酬月額38万円、直近１年間の標準賞与額の合計120万円

○基本月額25万円（老齢厚生年金額300万円÷12）
○総報酬月額相当額48万円（標準報酬月額38万円＋標準賞与額の合計120万円÷12）

　総報酬月額相当額が47万円超で基本月額が28万円以下であるので、以下の計算式に当てはめます。

　　基本月額－{(47万円＋基本月額－28万円)÷2＋(総報酬月額相当額－47万円)}
　　➡25万円－{(47万円＋25万円－28万円)÷2＋(48万円－47万円)} ＝ 2万円
　　➡計算結果の2万円が在職老齢年金制度による調整後の年金支給月額となります。

特別支給の老齢厚生年金 25万円
- （支給停止）23万円
- （一部支給）2万円

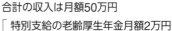

合計の収入は月額50万円
[特別支給の老齢厚生年金月額2万円
　勤務先から賃金・賞与（月額48万円）]

　では、60歳台前半の在職老齢年金制度に基づき、特別支給の老齢厚生年金が停止されることが予め確定している場合に、60歳台前半の在職老齢年金を繰下げ受給し、繰下げした分を増額して将来受給できるのでしょうか？　残念ながら、60歳台前半の在職老齢年金を繰下げ受給することは認められていません。受給権発生後、速やかに裁定請求手続きを行う必要があります。一方、企業としては、60歳台前半のシニア社員の給与や賞与の金額を検討する際に、在職老齢年金として停止される基準を把握しておくことで、より細やかな賃金決定が行えると考えます。人事担当者としては当該在職老齢年金制度の仕組みを理解し、シニア社員から年金受給に関する相談があった際には当該計算式を伝え、またシニア社員の在職老齢年金については標準報酬月額や標準賞与額が調整対象になり得ることも念頭に置きつつ、日々の業務手続きを行っていくことが求められます。

3 在職老齢年金を受けている方が退職したとき

　厚生年金に加入しながら老齢厚生年金を受けている70歳未満の方が、退職して1ヵ月を経過したときは、退職した翌月分の年金額から見直されます。
　年金額の一部または全部支給停止がなくなり、全額支給されます。

年金額に反映されていない退職までの厚生年金に加入していた期間を追加して、年金額の再計算が行われます。

※　退職して1ヵ月以内に再就職し、厚生年金に加入したとき（転職など）は、引き続き在職老齢年金としての支払いが行われます。

そして、2015年10月1日に、被用者年金一元化法が施行され、共済組合員（公務員や私立学校教職員等）も厚生年金へ加入することになりました。これを受けて共済組合等に加入したことがある方が2015年10月以降に受給開始年齢に到達した場合は、老齢厚生年金が支給されます。2015年9月以前の共済組合等に加入していた期間の老齢厚生年金は共済組合等で決定され、共済組合等から支給されます。つまり、被用者年金一元化が実施されたものの、その支給元は従来通り日本年金機構ないし共済組合等の各々が引き続き支給手続きを行います。このため、共済組合等に加入していた方は、日本年金機構と共済組合等からの"複数の老齢厚生年金"が支給される事になります。この"複数の老齢厚生年金"の意味は、同じ老齢厚生年金という名称であっても、その支給元が日本年金機構又は共済組合等となるためです。

働く高齢者が増えていく中で、また増やしたい国の政策もあり、現行の在職老齢年金制度の在り方に関しては、高齢者の就労阻害要因とならないように、現在も検討が行われており、今後の改正が注目されます。

3……65歳以降の在職老齢年金

前項では60歳台前半の在職老齢年金制度の仕組みについての説明でした。続けて本項では65歳以降の在職老齢年金制度の仕組みを説明していきます。

> **ココが重要**
>
> 厚生年金制度へは70歳未満の方のみ被保険者として加入します。70歳以降の方はフルタイム勤務であったとしても厚生年金へ加入せず、厚生年金保険料を負担することはありません。ただし、在職老齢年金制度は併給調整の対象となります。この併給調整対象となる70歳以上のシニア社員ですが、平成19年4月以降に70歳に達した方が厚生年金保険への加入対象となる様な勤務形態で、厚生年金適用事業所に勤務されている場合に、在職老齢年金制度による調整の対象となります。

計算式は下記の通りとなります。

基本月額と総報酬月額相当額	計算方法 (在職老齢年金制度による調整後の年金支給月額＝)
基本月額と総報酬月額相当額と合計が47万円以下の場合	全額支給
基本月額と総報酬月額相当額との合計が47万円を超える場合	基本月額－(基本月額＋総報酬月額相当額－47万円)÷2

以下、それぞれの用語の意味について解説します。

1 「基本月額」とは

「加給年金額」を除いた「老齢厚生年金（報酬比例部分）」の月額をいいます。

(1)「加給年金額」

定義については前項11ページの説明と同様です。

(2)「老齢厚生年金（報酬比例部分）」(65歳以降)

老齢厚生年金＋経過的加算額＋加給年金額

60歳台前半の老齢厚生年金には「定額部分」がありました。この「定額部分」ですが、65歳以降には「老齢基礎年金」として支給されます。そして老齢基礎年金および経過的加算額は在職老齢年金の調整対象外となる点に注意が必要です。

厚生年金基金に加入していた期間がある場合は、厚生年金基金に加入しなかったと仮定して計算した老齢厚生年金の年金額をもとに基本月額を算出します。厚生年金基金加入期間がある方の年金は、老齢厚生年金のうち報酬比例部分の一部が代行部分として厚生年金基金から支払われます。このため、在職老齢年金の停止額を計算するにあたっては、代行部分を国が支払うべき年金額とみなして、基本月額を算出します。

2 「総報酬月額相当額」とは

「その月の標準報酬月額」+「直近1年間の標準賞与額の合計÷12」をいいます。

(1)「標準報酬月額」

定義については前項12ページの説明と同様です。

(2)「標準賞与額」

定義については前項12ページの説明と同様です。

60歳台前半の在職老齢年金と異なる留意点としては、厚生年金保険へ加入していない70歳以降のシニア社員の標準報酬月額や標準賞与額の取扱いです。厚生年金保険へ未加入であることから、厚生年金手続きを忘れがちですが、在職老齢年金の調整があるために"算定""月変""賞与"等の届出へ記載するようにして下さい。

計算した結果、年金支給月額がマイナスになる場合は、老齢厚生年金（加給年金額を含む）は全額支給停止となります。

計算式にある「47万円（支給停止調整変更額といいます）」の金額については、賃金や物価の変更に応じて毎年見直される点は前項と同様です。60歳台前半の在職老齢年金制度と同様に直近では2019年4月1日付で支給停止調整変更額が「46万円」から「47万円」へ改定されました。毎年見直される点に注意が必要です。

実際に計算してみましょう。

> 老齢厚生年金額180万円（加給年金額除く）
> その月の標準報酬月額32万円、直近1年間の標準賞与額の合計120万円

○基本月額15万円（老齢厚生年金額180万円÷12）
○総報酬月額相当額42万円（標準報酬月額32万円＋標準賞与額の合計120万円÷12）
　基本月額と総報酬月額相当額の合計額が47万円を超えますので、以下の計算式に当てはめます。

基本月額−(基本月額＋総報酬月額相当額−47万円)÷2
➡ 15万円−(15万円＋42万円−47万円)÷2＝10万円
➡ 計算結果の10万円が在職老齢年金制度による調整後の年金支給月額となります。

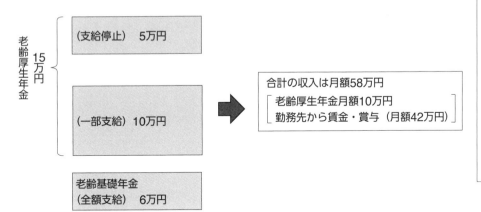

3 在職老齢年金を受けている方が退職したとき

厚生年金に加入しながら老齢厚生年金を受けている70歳未満の方が、退職して1ヵ月を経過したときは、退職した翌月分の年金額から見直されます。

年金額の一部または全部支給停止がなくなり、全額支給されます。

年金額に反映されていない退職までの厚生年金に加入していた期間を追加して、年金額の再計算が行われます。

※ 退職して1ヵ月以内に再就職し、厚生年金に加入したとき（転職など）は、引き続き在職老齢年金としての支払いが行われます。
※ 70歳以上の期間は、厚生年金に加入しないため、年金額の再計算には反映されません。

4……その他

前項まで在職老齢年金制度について説明してきました。当該在職老齢年金制度から発展する周辺の法律について見ていくと共に、現行の在職老齢年金制度の問題点や現在議論されている今後の在職老齢年金制度の在り方等について説明します。

1 老齢年金受給辞退

　シニア社員の中には、在職老齢年金制度に基づき、老齢厚生年金が支給停止することが明白である、収入や蓄えがあることから老齢年金を受け取る必要がない、あるいはご自身の意思として老齢年金を受け取り拒否されたい等、年金受給の辞退を希望されるケースもあります。

　2007年4月、法改正により、老齢年金の支給停止制度が創設されました。それ以前は受給権者の意思により年金裁定請求を行わず、結果として年金を受け取らないことは可能でした。ただ、「裁定請求を行わないことにより年金を辞退していた受給権者が、年金の必要性が生じた時点で裁定請求を行うと、請求時点以降の支払いが開始されるとともに、時効消滅していない過去5年間分の年金も併せて支払われることになり、年金受給の辞退という受給権者の意思が貫徹されない結果となるため、受給権者の申出により年金の支給停止を行う規定が設けられた」と日本年金機構のホームページに規定が創設された理由が記載されています。税制面からも過年度分の年金収入が一括支給されることが不利益になってしまう方もいるのかもしれません。公的な財源である事を鑑みると、受給を希望していない方へ不必要に支給することはあるべき姿ではないので、本規定が創設されたことは改善の一つであると考えられます。

2 老齢年金繰下げ受給

　シニア社員の中には、在職老齢年金制度に基づき、老齢厚生年金が支給停止することが明白であれば、老齢年金繰下げ受給をして増額して受取りたいと考える方もいるかもしれません。60歳台前半と65歳以降で繰下げ受給の可否が異なります。

［60歳台前半の老齢厚生年金（特別支給の老齢厚生年金）］

　　繰り下げの申出を行うことができません。

［65歳以降の老齢厚生年金］

　　繰り下げの申出を行うことができます。

　　老齢厚生年金の受給権発生年月日の属する月から繰り下げの申出をした日の属する月の前月までの月数（最大60月の「繰り下げ待機期間」）に応じて、0.7％ずつ増額します。

　　（繰り下げ加算額計算式）

繰下げ加算額＝65歳時の老齢厚生（退職共済）年金額×繰下げ待機期間×0.007
<増額率>

　　ただし、繰り下げ待機期間中に働きながら厚生年金保険に加入した期間がある場合は、支給停止されていた額を除いて繰り下げ加算額を計算します。

〔老齢基礎年金〕

　　繰り下げの申し出を行うことができます。

　　昭和16年4月2日以後生まれか、それ以前生まれかによって繰り下げ率等、算出方法が変わります。なお、老齢厚生年金の繰り下げとは別々に繰り下げ手続を行う必要があります。

老齢厚生年金と老齢基礎年金をそれぞれに繰下げ時期を選択することができます。

　なお、「繰下げによる増額請求」または「増額のない年金をさかのぼって受給」のいずれか一方を選択して手続きします。繰下げ請求を行わず、66歳以後に65歳にさかのぼって、本来支給の年金を請求することもできます。70歳到達（誕生日の前日）月より後に65歳時にさかのぼった請求が行われると、時効により年金が支払われない部分が発生します。必ず70歳到達月までに請求してください。

　その他、繰下げ請求に関する注意点がありますので事前に日本年金機構へ確認しましょう。

③ 厚生年金被保険者は70歳まで

　前項でも触れておりますが、厚生年金被保険者は70歳までとなります。70歳到達（誕生日の前日）になると、厚生年金加入対象である勤務形態のシニア社員であっても厚生年金保険は自動喪失となり厚生年金保険料を負担する必要はなくなります。

　ただ前項で言及している通り、在職老齢年金制度においては、70歳以上の厚生年金保険未加入者であっても、厚生年金加入対象となる様な勤務形態のシニア社員については給与や賞与に応じて老齢年金が調整対象となる場合があります。

④ 在職老齢年金制度の問題点

　在職老齢年金制度については、前項の冒頭でお伝えした通り、国の政策を受けて変遷を重ねてきました。そして現在もまた国の意向としてより良い形を求めて検討が重

ねられています。なぜならば労働人口が減少していく中、高齢化は進み、シニア社員の更なる活用が望まれている背景があります。シニア社員の労働力を求めて、在職老齢年金制度が足かせとなることのないような工夫を政府は検討しています。しかし一方では世代間扶養という現役世代の負担も考慮に入れながら、限りある年金財政の再配分機能を鑑みて、在職老齢年金制度の水準をどの程度にすることが最良であるのか、今後引続き検討が行われていくかと思われます。

Topic

3

高年齢雇用継続給付制度（雇用保険法）

1……高年齢雇用継続給付制度の概要

1 働く意欲の高い高齢者

　我が国は急速に高齢社会へ移行しており、内閣府の平成30年版高齢社会白書によると、2017年10月１日現在、総人口に占める65歳以上の割合（高齢化率）は27.7%にもなります。2065年には、約2.6人に１人が65歳以上になると推計されています。

　労働力人口については、2017年は6,720万人、そのうち65歳以上は821万人であり、労働力人口総数に占める65歳以上の者の割合は12.2%と年々上昇し続けています。

　また、この白書によれば、現在仕事をしている60歳以上の約４割が「働けるうちはいつまでも働きたい」と考えており、高い就業意欲を持っていることがわかります。

　働く意欲のある高齢者を支援する制度として、雇用保険の高年齢雇用継続給付があります。この高年齢雇用継続給付は、65歳までの高齢者の雇用の安定と継続を図る目的で平成７年４月１日に施行されました（雇用保険法61～61の３）。

　給付の内容としては60歳以上65歳未満のシニア社員の賃金が、60歳時点での賃金と比較して、75%未満に低下した場合に、ハローワークへ申請することにより、賃金の最大15%が給付金として支給されるという制度になります。

　では一般的に定年により継続して再雇用された場合には、どれくらいの割合で賃金が低下するのでしょうか。

　平成24年度に東京都産業労働局がおこなった実態調査によると、全体の57.6%の方が定年時と比較して、賃金が70%未満に低下したと回答をしています。この場合、高年齢雇用継続給付金の支給対象となり得る可能性があるため、低下した賃金を補う一手段としてこの制度を活用すると良いでしょう。

2 高年齢雇用継続給付の概要

　高年齢雇用継続給付は、基本手当等を受給することなく雇用を継続する被保険者に対して支給される高年齢雇用継続基本給付金と基本手当等を受給中に再就職した被保険者に対して支給される高年齢再就職給付金があります。

3 高年齢雇用継続基本給付金について

(1) 受給資格要件

　（イ）　60歳到達日に被保険者の場合（下記を全て満たしていること）
　①　60歳以上65歳未満の一般被保険者であること。
　②　被保険者であった期間が通算して5年以上あること。
　※　この被保険者期間は、退職して1年以内であり、この期間に求職者給付および就職促進手当の支給を受けていない場合に通算できます。
　※　60歳到達日とは、60歳の誕生日の前日のことをいいます。

＜例1＞
　勤務するシニア社員が60歳に達し、受給資格が発生した場合には、事業所を管轄するハローワークへ受給資格手続きをおこなうと、高年齢雇用継続基本給付金の受給資格を受けることができます。この受給資格手続きの際に60歳到達時の賃金月額がハローワークに登録されます。この登録された賃金月額よりも、60歳以降の各月の賃金額が75％未満に低下した場合に支給申請手続きをすると高年齢雇用継続基本給付金の支給を受けることができます。

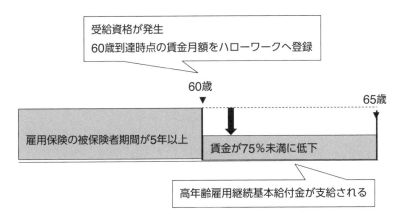

賃金月額とは、原則として、

$$\frac{60歳到達時点の直前の完全賃金月額6ヶ月の総額}{180} \times 30日分$$

完全賃金月額とは、賃金締切日ごとに区分された1か月の間に賃金支払い基礎日数が11日以上ある月が対象となります。

なお、賃金月額には、上限額と下限額があります。この金額は毎年8月1日に変更される場合があります。令和元年8月1日現在の上限額は476,700円、下限額は75,000円となっています。

＜例2＞60歳到達時点で受給資格が発生した場合

一旦退職をして就職をし、60歳到達日において被保険者であり、被保険者であった期間が通算して5年以上あった場合には、受給資格が発生します。この場合、被保険者であった期間は、退職をした翌日から再就職をした日の前日までの期間が1年以内であり、この間に求職者給付および就職促進手当の支給を受けていない場合に通算できます。受給資格が発生した場合には、事業所を管轄するハローワークへ受給資格手続きをおこなうと、高年齢雇用継続基本給付金の受給資格を受けることができます。

＜例3＞60歳到達時以降、受給資格が発生した場合

60歳到達時点では、被保険者であった期間が通算して5年に満たないため、受給資格が発生しなかった場合でも、その後、被保険者であった期間が通算して5年を満たすようになった時点で、再度受給資格手続きをおこなうと、高年齢雇用継続基本給付金の受給資格を受けることができます。この受給資格手続きの際には60歳到達時の賃金額ではなく、受給資格を満たした時点の賃金月額がハローワークに登録されます。

(ロ) 60歳到達日には被保険者ではなく、再就職により被保険者となった場合（下記を全て満たしていること）
① 60歳到達前の退職した時点で被保険者期間であった期間が通算して5年以上あること。
② 60歳前に退職してから、60歳到達後に就職するまでの間が1年以内であること。
③ ②の期間に求職者給付および就業促進手当を受給していないこと。

＜例1＞再就職時点で受給資格が発生した場合

　60歳到達日以降に再就職をして被保険者となり、60歳到達前の退職した時点で被保険者であった期間が通算して5年以上あり、かつ、退職後1年以内である場合、受給資格が発生します。この場合には退職時点の賃金月額がハローワークに登録されます。

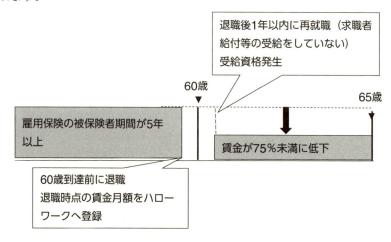

＜例2＞再就職時点以降に受給資格が発生した場合

　再就職時点で受給資格が発生しなかった場合でも、それ以降に被保険者期間が通算して5年を満たすようになった時点で、再度受給資格手続きをおこなうと、受給資格を受けることができます。この場合には、受給資格を満たした時点の賃金月額がハローワークに登録されます。

> **参考**
>
> ## 求職者給付と就職促進給付とは
>
> ① 求職者給付
>
> 　求職者給付とは、被保険者が退職し、失業中の安定した生活の確保のため、そして1日でも早く再就職できるように求職活動を支援するための給付になります。求職者給付には、一般被保険者に支給される「基本手当」などがあります。
>
> ② 就職促進給付
>
> 　就職促進給付は再就職を促進するための給付であり、「就業促進手当」などがあります。就業促進手当には、上記基本手当の給付日数を一定日数以上残して就職し、一定の要件を満たした場合に支給される「再就職手当」などがあります。

(2) 支給要件（下記全てを満たしていること）

① 支給対象月の初日から末日まで被保険者であること。

② 支給対象月中に支払われた賃金が、60歳到達時等の賃金月額の75％未満に低下していること。

③ 支給対象月中に支払われた賃金額が、支給限度額363,359円未満であること。

④ 申請後、算出された基本給付金の額が、最低限度額2,000円を超えていること。

⑤ 支給対象月の全期間にわたって、育児休業給付または介護休業給付の支給対象となっていないこと。

　※ 支給対象月とは、一般被保険者として雇用されている各月をいいます。各月とは暦月のことでその月の初日から末日まで継続して被保険者である月となります。

　※ 支給限度額および最低限度額は毎年8月1日に見直されることがあります。

　※ 雇用保険の継続給付には、育児休業者の雇用継続を図るための育児休業者給付と介護休業者の雇用継続を図るための介護休業給付があります。

(3) 支給対象期間

　60歳到達日（受給資格を満たした日）の属する月から、65歳に到達する日の属する月までの支給となります。

(4) 支給額

（イ）原則的な取扱い

　支給額は支給対象月ごとに、その月に支払われた賃金の「低下率」に応じて次の計算式により、算定されます。

低下率[A]（％）：$\dfrac{\text{支払われた賃金額（みなし賃金を含む）}}{\text{60歳到達時の賃金月額}}\times 100$

イ　低下率が61％以下の場合

　　支給額＝実際に支払われた賃金額×15％

ロ　低下率が61％を超えて75％未満の場合

　　支給率[B]＝$\dfrac{(-183[A]+13{,}725)\times 100}{280[A]}$

　　支給額＝実際に支払われた賃金額×支給率[B]％

ハ　低下率が75％以上の場合

　　支給されません。

（ロ）みなし賃金額が算定される場合の取扱い

　各月に支払われた賃金が下記理由により、減額があった場合には、その減額された額が支払われたものとして、賃金の低下率を判断します。これを、「みなし賃金額」といいます。

　・被保険者の責めに帰すべき理由、本人の都合による欠勤
　・疾病または負傷による欠勤、遅刻、早退
　・事業所の休業（休業の理由、休業の期間は問いません）
　・同盟罷業、怠業、事業所閉鎖等の争議行為
　・妊娠、出産、育児、介護等による欠勤、遅刻、早退

（ハ）支給限度額以上の場合

　・支給対象月に支払われた賃金が363,359円以上の場合は、給付金は支給されません（令和元年8月1日現在）。
　・支給対象月に支払われた賃金額と算定された支給額の合計が支給限度額を超えた場合は、超えた額を減じて支給されます。

（ニ）　支給限度額以下の場合

　算定された支給額が、2,000円を超えないときは、給付金が支給されません（令和元年8月1日現在）。

(5) 支給額の事例（60歳到達日の賃金月額が40万円の場合）

＜例１＞支給対象月に支払われた賃金が20万円

　　　低下率：20万円÷40万円×100＝50.00％

　　　　低下率が61％未満のため、実際に支払われた賃金額×15％が支給されます。

　　　支給額：20万円×15％＝30,000円

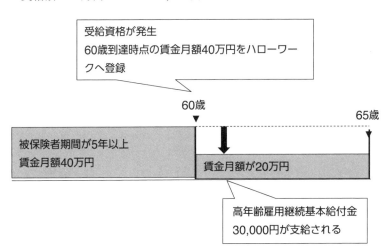

＜例２＞実際に支払われた賃金額が25万円、欠勤による賃金の減額が３万円

　　　欠勤により賃金の減額があるので、25万円＋３万円＝28万円をみなし賃金額として、賃金の低下率を判断します。

　　　低下率：28万円÷40万円×100＝70.00％

　　　低下率が61％を超えて75％未満のため、支給率の計算式に当てはめて計算をします。

　　　支給率：（－183×70＋13,725）/280×70×100＝4.67％

　　　　支給額は25万円×4.67/100＝11,675円となります。

　　　　※ 支給額はみなし賃金ではなく、実際に支払われた賃金額で計算します。

＜例３＞支給対象月に支払われた賃金が35万円

　　　低下率：35万円÷40万円×100＝87.5％

　　　　低下率が75％以上のため、支給されません。

支給率を算出する早見表

賃金の低下率	支給率	賃金の低下率	支給率
75%以上	0％	67.5%	7.26%
74.5%	0.44%	67%	7.8%
74%	0.88%	66.5%	8.35%
73.5%	1.33%	66%	8.91%
73%	1.79%	65.5%	9.48%
72.5%	2.25%	65%	10.05%
72%	2.72%	64.5%	10.64%
71.5%	3.2%	64%	11.23%
71%	3.68%	63.5%	11.84%
70.5%	4.17%	63%	12.45%
70%	4.67%	62.5%	13.07%
69.5%	5.17%	62%	13.7%
69%	5.68%	61.5%	14.35%
68.5%	6.2%	61%以下	15%
68%	6.73%		

<ハローワーク「雇用保険事務手続きの手引き」より抜粋>

4 高年齢再就職給付金について

(1) 受給資格要件（下記を全て満たしていること）

① 60歳以上65歳未満で再就職した一般被保険者であること。

② 1年を超えて引き続き雇用されることが確実であると認められる安定した職業に就いたこと。

③ 再就職する前に雇用保険の基本手当等の支給を受け、その受給期間内に再就職し、かつ支給残日数が100日以上あること。

④ 直前の退職時において、被保険者であった期間が通算して5年以上あること。

⑤ その再就職において、再就職手当を受給していないこと。

<例>60歳前に退職し、退職後に雇用保険の基本手当を受給している60歳以上65歳未満の社員が、基本手当の支給日数を100日以上残して再就職し、直前の会社で被保険者期間が5年以上あった場合には、受給資格が発生します。この場合、

再就職する前に受給をしていた基本手当の算定の基礎となった賃金日額×30日に相当する額がハローワークに登録されます。

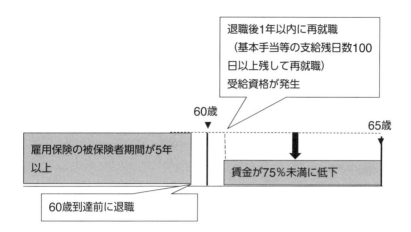

(2) 支給要件

高年齢雇用継続基本給付金と同様です（25ページをご参照ください）。

(3) 支給対象期間

① 雇用保険の基本手当の残日数が200日以上の場合は、再就職をして被保険者となった日の翌日から２年を経過する月まで支給されます。

② 雇用保険の基本手当の残日数が100日以上200日未満の場合は、再就職をして被保険者となった日の翌日から１年を経過する月まで支給されます。

※ ①②とも支給対象期間１年または２年を経過するまでに65歳に達した場合には、65歳に達した日の属する月までの支給となります。

(4) 支給額

高年齢雇用継続基本給付金と同様です（25ページをご参照ください）。

> **参考** 高年齢再就職給付金と再就職手当の併給調整について
>
> 高年齢再就職給付金と再就職手当は併給できません。いずれか一方を選択して手続きを行ってください。一旦選択をするとその後の取り消しや変更はできませんので注意が必要です。

	高年齢再就職給付金	再就職手当
支給額（参考）	支払われた賃金×最大15％	基本手当日額×残日数×60％または70％
支給期間	1年または2年間 ※基本手当の残日数による	一括で支給
賃金との関係性	賃金の変動により給付額も変動	一括で支給のため影響なし
年金との併給調整	年金と併給調整される	年金と併給調整されない

2……老齢厚生年金と高年齢雇用継続給付の併給調整について

　60歳台前半の老齢厚生年金の支給を受けているシニア社員は、高年齢雇用継続給付（高年齢雇用継続基本給付金・高年齢再就職給付金）の支給を受けている期間については、高年齢雇用継続給付の給付額に応じて、在職による年金の支給停止に加えて年金の一部が支給停止されます。

　支給停止される年金額は、最大で賃金（標準報酬月額）の6％に当たる額です。

<例>

　60歳到達時賃金額：400,000円、定年後再雇用時の賃金額：240,000円、年金月額：100,000円の場合、在職による年金停止額と高年齢雇用継続給付による停止額は、あわせて44,400円となります。

① 在職による年金の支給停止額：30,000円
② 高年齢雇用継続給付による年金の支給停止額：標準報酬月額（240,000円）×6％＝14,400円

賃金額240,000円

在職老齢年金55,600円（100,000円－支給停止額①②の合計額44,400円）

高年齢継続給付36,000円（240,000円×15％）

合計：331,600円

※　在職による年金の支給停止額、高年齢雇用継続給付に年金停止額等は一例です。実際の年金額や賃金額等に異なりますのでご注意ください。

これまでは、60歳台前半の老齢厚生年金の支給を受けている場合、失業給付や高年齢雇用継続給付を受けることになった場合には、「老齢厚生・退職共済年金受給権者 支給停止事由該当届」の届出が必要でした。法改正に伴い2013年10月1日より支給停止事由該当届の届出が原則不要となりました。

　ただし、年金を受け取る権利が発生した日と、求職の申込みをした日または高年齢雇用継続給付を受けられるようになった日が、共に2013年10月1日よりも前の場合や年金請求時に、雇用保険被保険者番号を持っていなかった（年金を受けるようになった後に初めて雇用保険に加入した）場合等には、支給停止事由該当届により雇用保険被保険者番号の届出が必要です。詳しくは年金事務所にご相談ください。

Topic

4

労働契約法

1……無期転換制度

　平成24年8月に改正労働契約法が成立し、平成25年4月1日から施行されています。改正労働契約法のポイントの一つが18条に定められた無期転換ルールです。多くの企業は定年再雇用後に嘱託契約と呼ばれる有期雇用契約を締結して再雇用していますが、嘱託社員にも無期転換ルールは適用されます。本項では労働契約法に定められている無期転換ルールについて説明します。

■ 無期転換ルールの概要

　有期契約社員は契約更新時に雇止めにあう可能性があり、不安定な地位にあります。無期転換ルールは、このような不安定な地位にある有期契約労働者の雇止めの不安を解消し、安定して働くことができることを目的としています。

　無期転換ルールとは、①同一の使用者との間で、②平成25年4月1日以降に、③契約が更新され、④通算契約期間が5年渡って働いている場合、⑤労働者の申込みにより、有期契約から無期契約に転換するというものです。契約期間が1年の場合、5回目の更新後に申込権が発生し、申込時の契約満了後に無期労働契約に転換します。平成30年4月1日に改正労働契約法の施行から5年を迎え、無期転換ルールを逃れる目的とみられる契約満了時の雇止めが社会問題となっています。

　以下では無期転換でよくある疑問について解説します。

(1) 同一の使用者の考え方

　同一の使用者とは、事業場単位ではなく企業単位で考えられ、事業場が異なる場合

でも通算されます。

　有期労働契約の満了後、親子会社や関連会社で有期労働契約を締結する場合、通算契約期間の計算は新たな労働契約から開始します。ただし、無期転換を逃れる目的であることが明らかである場合（派遣や請負への雇用形態の変更を含む）は、同一の使用者と同視され、通算契約期間としてカウントされます。

(2) 通算契約期間5年の計算方法

　有期契約社員の中には業務の繁忙期のみ労働契約を結び、閑散期には契約を結んでいないケースがあります。このように労働契約の間に空白期間がある場合、無契約期間の通算契約期間が1年以上の場合は無契約期間が6ヵ月以上あるときは、通算契約期間の計算はリセットされます。無契約期間の前の通算契約期間が1年未満の場合は、空白期間の前の労働契約の通算期間月数の2分の1以上の空白期間（2分の1をした場合に1月未満の端数がある場合は切り上げ）があるときは、通算契約期間の計算はリセットされ、新たな有期契約から通算契約期間を計算します。

② 無期転換ルールへの企業の対応

　無期転換ルールでは労働条件を正社員と同様にすることまでは求めておらず、単に契約期間を有期から無期とすることも可能です。ただし、有期契約では認められていないことが多い休職制度を適用するか、転勤の有無などを自社の実情に応じて決めておくことをお勧めします。特に定年については、有期契約社員の就業規則には定年の定めがないのが一般的であり、無期転換をすると定年の定めのない社員となってしまう場合があります。就業規則で第二定年（60歳を超えて無期転換した者の定年は65歳とする）・第三定年（65歳を超えて無期転換した者の定年は70歳とする）の定めを設けておくと良いでしょう。

③ 60歳以上の社員と無期転換ルール

　無期転換ルールには高齢者の特例があります。次ページ以降で内容を説明します。

2……定年後引き続き雇用される有期雇用労働者に対する労働契約法の特例

　平成26年11月28日に公布、平成27年4月1日に施行された専門知識等を有する有期雇用労働者等に関する特別措置法により、定年後再雇用される有期雇用労働者については、一定の措置が講じられた場合には無期転換申込権発生までの期間に関する特例が適用されることになりました。

■1 定年後再雇用の高齢者の特例の内容

　原則として、有期労働契約が通算5年を超えて反復更新された場合に無期転換申込み権が発生しますが、以下の条件を満たした場合には、無期転換申込権が発生しません。

- イ　適切な雇用管理に関する計画を作成していること
- ロ　無期転換申込権行使前に事業主が都道府県労働局長に計画の認定を受けていること
- ハ　定年に達した後、引き続いて雇用されていること
- ニ　有期労働契約の締結・更新の際に、無期転換ルールに関する特例が適用されていることを明示していること

■2 特例が適用される事業主の範囲

　本特例は同一の事業主が定年再雇用する場合のみならず、グループ会社等の特殊関係事業主で定年再雇用する場合にも適用されます。特殊関係事業主の範囲は次ページの図の通りです。ただし、定年前に雇用していた元の事業主と特殊関係事業主との間で、継続雇用制度の対象となる高齢者を定年後に特殊関係事業主が引き続いて雇用することを約する契約を締結する必要があります。

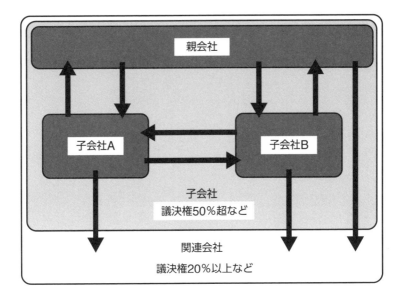

3 認定が取り消された場合の取扱い

　特例は、認定された計画に関係する事業主及び労働者について適用されるため、認定が取り消されれば特例は適用されなくなります。認定取り消し後は通常の無期転換ルールが適用され、通算契約期間が5年を超えていれば、特例の対象となっていた労働者であっても無期転換申込権が発生することになります。

036

【第 2 章】

社員が60歳を迎える前に

本稿では第1章にて解説した「高年法」において必要とされる就業規則の整備、「労契法」の有期雇用特別措置法（定年後引き続き雇用される有期雇用労働者等）において必要とされる届け出について解説します。

1……就業規則の概要とルール

　就業規則とは、社員が就業する上で必要となる一定の規律や労働条件を定めた規則です。高年法において必要とされる就業規則の整備を解説する前に、まずは就業規則のルールについて記載しますので項目ごとに確認してください。

■1 絶対的必要記載事項と相対的必要記載事項について

　就業規則上に必ず定めなければならない事項を「絶対的必要記載事項」といい、以下の3項目になります。

1　始業及び終業の時刻、休憩時間、休日、休暇並びに交替制の場合においては就業時転換に関する事項
2　賃金の決定、計算及び支払いの方法、賃金の締切り及び支払の時期並びに昇給に関する事項
3　退職に関する事項（解雇の事由を含む）

　定めをする場合には記載しなければならない事項を「相対的必要記載事項」といい、以下8項目になります。

1　退職手当の適用される労働者の範囲、退職手当の決定、計算及び支払いの方法並びに退職手当の支払いの時期に関する事項
2　臨時の賃金等、及び最低賃金額に関する事項
3　食費、作業用品等の労働者の負担に関する事項
4　安全及び衛生に関する事項
5　職業訓練に関する事項
6　災害補償、業務外の傷病扶助に関する事項
7　表彰及び制裁に関する事項
8　その他全労働者に適用される事項

絶対的必要記載事項について記載漏れがないか、また相対的必要記載事項で制度があるのに記載していない項目がないかを確認してください。

2 就業規則の届出について

　労働基準法89条の規定により、常時10人以上の従業員を使用する使用者は、就業規則を作成し、所轄の労働基準監督署長に届け出なければならないとされています。
　また、労基法上10人未満の会社においては就業規則の作成・届出義務は課されていませんが、就業規則を作成し労使間で労働条件・社内ルールを共有することは労使トラブルの防止や就労意欲の向上など、多くのメリットをもたらしますので作成しておくべきでしょう。
　（イ）人数のカウント方法
　　「常時10人以上」の従業員のカウントには契約社員・パート社員・アルバイト社員も含みます。
　（ロ）届出の単位
　　基本的に届出の単位は事業所単位です。本社、支店、工場、営業所等、複数の事業所がある場合には一定の要件を満たした場合に一括して届出することも認めています。しかし、本社や工場と就業規則の内容や労働条件が異なる、といった場合には事業所単位で就業規則を作成し、届け出る必要があります。
　（ハ）意見書
　　届出時には事業場に労働者の過半数で組織する労働組合がある場合においてはその労働組合、ない場合は労働者の過半数を代表する者の意見書を添付しなければなりません。同意までは必要とせず、意見を聴いたことが客観的に証明できれば足ります。

3 就業規則の周知について

　就業規則は労働者へ周知する必要があります。
　周知の方法は、
① 就業場所や休憩室等の見やすい場所に掲示する、または備え付ける
② 書面で労働者に交付する
③ 社内イントラ上に内容をアップし、いつでも閲覧できる状態にする
　等の方法があります。

4 就業規則の不利益変更について

　会社が一方的に就業規則を変更しても、労働者の不利益に労働条件を変更することはできません（労契法9）。会社が、就業規則の変更によって労働条件を変更する場合には、その変更が、労働者の受ける不利益の程度・労働条件の変更の必要性・変更後の就業規則の内容の相当性・労働組合等との交渉の状況などの事情に照らして合理的であることが必要になります（労契法10）。

　就業規則を変更される際にはご留意ください。

　また、就業規則を変更する場合も上記の「就業規則の届出について」の記載と同様に、労働組合、なければ過半数代表者の意見書を添付して、所轄の労働基準監督署長に届け出なければなりません。

5 「高年法」において必要とされる就業規則の整備について

　「定年」という退職に関する事項は、就業規則上の絶対的必要記載事項の一つであり、必ず就業規則上に定める必要があります。

　また、第1章で記載した通り、社員の定年を定める場合は定年年齢を60歳以上とする必要があります（高年法8）。また、定年年齢を65歳未満と定めている事業主は、その雇用する高年齢者の65歳までの安定した雇用を確保する必要がある（高年法9）ため、いずれかのパターンにて就業規則を整備する必要があります。

〔パターン1　65歳まで定年年齢を引上げる場合〕

（定年等）
第○条　社員の定年は、満65歳とし、65歳に達した年度の末日をもって退職とする。

〔パターン2　65歳までの継続雇用制度の導入を行う場合〕

（定年等）
第○条　社員の定年は、満60歳とし、60歳に達した年度の末日をもって退職とする。ただし、本人が希望し、解雇事由又は退職事由に該当しない者については、65歳まで継続雇用する。

　継続雇用制度導入で、高年法平成24年改正（平成25年4月1日施行）の経過措置

を利用する場合は以下のように整備することができます（平成25年３月31日までに、労使協定により継続雇用制度の対象者を限定する基準を定めていた会社に限りますのでご留意ください）。

［パターン２－２　65歳までの継続雇用制度の導入を行う場合（経過措置を利用する場合）］

（定年等）

第○条　社員の定年は満60歳とし、60歳に達した年度の末日をもって退職とする。ただし、本人が希望し、解雇事由又は退職事由に該当しない者であって、高年齢者雇用安定法一部改正法附則第３項に基づきなお効力を有することとされる改正前の高年齢者雇用安定法第９条第２項に基づく労使協定の定めるところにより、次の各号に掲げる基準（以下「基準」という。）のいずれにも該当する者については、65歳まで継続雇用し、基準のいずれかを満たさない者については、基準の適用年齢まで継続雇用する。

　　１．引き続き勤務することを希望している者

　　２．過去○年間の出勤率が○％以上の者

　　３．直近の健康診断の結果、業務遂行に問題がないこと

　　４．○○○○

２　前項の場合において、次の表の左欄に掲げる期間における当該基準の適用については、同表の左欄に掲げる区分に応じ、それぞれ右欄に掲げる年齢以上の者を対象に行うものとする。

2013年４月１日から2016年３月31日まで	61歳
2016年４月１日から2019年３月31日まで	62歳
2019年４月１日から2022年３月31日まで	63歳
2022年４月１日から2025年３月31日まで	64歳

第２章　社員が60歳を迎える前に

［パターン3　定年を廃止する場合］

就業規則から、定年に関する記載を削除します。

「定年年齢の引上げ」「継続雇用制度導入」「定年の廃止」に関するメリット・デメリットを整理してみました。人員・経営状況等、様々な背景を考慮して選択する必要がありますが、一番大切なことは何を最も重視するかになります。
選択の参考にしてください。

	メリット	デメリット
定年の引上げ	・優秀なシニア社員を確保できる ・雇用管理が継続されるため管理しやすい	・人件費がかさみやすい ・組織の活性化が図りづらい
継続雇用制度	・人件費を抑えることが可能 ・組織の活性化を図ることが可能	・給与低減や身分変更に伴いシニア社員のモチベーションが低下するおそれがある ・雇用管理が断絶され、身分変更の場合は雇用管理が煩雑になる【例：賃金計算の基となる労働時間の把握、等】
定年の廃止	・優秀なシニア社員を確保できる ・雇用管理が継続されるため管理しやすい	・人件費がかさみやすい ・組織の活性化が図りづらい ・シニア社員から退職の申し出があった場合や解雇などの退職事由が発生しない限り雇用が続く

6 継続雇用制度における「再雇用規程」の整備について

　就業規則本則に再雇用制度に関する細かなことを記載することも可能ですが、就業規則本則とは別に「嘱託社員就業規則」や「嘱託社員再雇用規程」を作成して、詳細に内容を記載する方法もあります。

　別に嘱託社員就業規則・嘱託社員再雇用規程を整備する際には、就業規則で会社の社員区分・定義・適用範囲を明確にしておく必要があります。

　以下に60歳定年から65歳まで、1年の有期契約を継続することを前提に定めた就業規則本則の記載例を提示しますので、嘱託社員就業規則・嘱託社員再雇用規程を作成するのに合わせて就業規則本則の整備も忘れずに行ってください。

【就業規則本則記載例】

（社員の定義・適用範囲）

第○条　本規則は第○条の手続きを経て採用され、期限の定めのない労働契約を締結した正社員に適用する

2　正社員以外の下記社員については、一部の規定の適用を除外し、別に定めるものとする。

(1)　パートタイマー（有期契約社員で、週の所定労働時間が短い、補助的業務に従事する者）…パートタイマー就業規則・及び雇用契約書

(2)　嘱託社員（定年退職後、嘱託社員として雇用される者）…嘱託社員再雇用規程及び雇用契約書

【嘱託社員再雇用規程例】

（目的）

第1条　この規程は、○○株式会社の社員の定年退職後の再雇用に関する取扱いについて定める。

（再雇用の対象者）

第2条　会社は、定年退職後、再雇用を希望する者のうち、就業規則第○条（退職（定年に関するものを除く））又は就業規則第○条（解雇）に該当する事由のない者について再雇用する。

（再雇用の希望の聴取等）

第3条　会社は、定年退職予定者に対して、退職予定日の6カ月前までに、再雇用の希望の有無を聴取する。

（再雇用の申請と会社の通知）

第4条　再雇用希望者は、定年退職予定日の3カ月前までに、会社へ再雇用の意向を申し出なければならない。

2　会社は、再雇用希望者に対して、定年退職予定日の2カ月前までに、再雇用の可否を通知する。

3　前項の通知において再雇用する旨の回答を行った場合であっても、当該通知を発した時点から定年退職日までの間に再雇用希望者が就業規則第○条（退職（定年に関するものを除く）又は就業規則第○条（解雇）の事由に該当するものと会社が認めた場合、会社は当該通知による回答を撤回し、当該再雇用希望者を再雇

用しないことができる。

（再雇用日）

第5条　再雇用日は、原則として、定年退職日の翌日とする。

（身分）

第6条　再雇用者の身分は嘱託とする。

（担当業務）

第7条　再雇用者の担当業務は、本人の専門的知識・技術、経験および経営上の必要性を勘案して、個別に決定する。

（雇用契約）

第8条　雇用契約は、1年を単位として締結する。また、再雇用者が契約の更新を希望する場合は、就業規則第〇条（退職（定年に関するものを除く））又は就業規則第〇条（解雇）に該当する事由のない者について、第9条（嘱託社員契約の更新基準）に定める基準を満たすものは、1年を単位として改めて嘱託社員契約を締結し、更新する。

（嘱託社員契約の更新基準）

第9条　前条の規定より、改めて嘱託社員契約を締結しようとするときは、次の各号に掲げる判断基準により、次期契約の有無を判断するものとする。

（1）本人の勤務成績、態度

（2）本人の能力、健康状態

（3）会社の経営状況

（雇用年齢の上限）

第10条　雇用年齢の上限は満65歳とする。

（給与）

第11条　給与は、次の事項を総合的に勘案して決定する。

（1）業務の内容

（2）1カ月の勤務時間数

（賞与）

第12条　夏季と冬季の年2回、賞与を支給する。ただし、業績が良好でないときは支給しない。

（勤務時間・休日）

第13条　1日の勤務時間および1週の休日数は、本人の希望を勘案して決定する。

（年次有給休暇）

第14条　年次有給休暇の勤続年数の算定は、社員として就職したときより通算し、

労働基準法の定めるところにより付与する。

（休職制度）

第15条　再雇用者には休職制度は適用しない。

（社会保険）

第16条　健康保険および厚生年金保険に加入する。ただし、次に該当するときは、加入しない。

　　　1週の所定労働時間および1月の所定労働日数が正社員の4分の3未満のとき

（雇用保険）

第17条　雇用保険に加入する。ただし、1週の勤務時間が20時間未満のときは、加入しない。

（退職）

第18条　再雇用社員が次の各号のいずれかに該当するときは退職するものとして、各号で定める日を退職の日とする。

　一　労働契約の期間が満了したとき：契約期間満了日

　二　65歳に達したとき：65歳に達した日

　三　本人が死亡したとき：死亡した日

　四　本人の都合により退職を願い出て会社が承認したとき：会社が退職日として承認した日

2　契約期間の中途で再雇用社員が自己の都合により退職するときは、2週間前までに会社に申し出なければならない。

（退職金）

第19条　再雇用社員が退職した場合は、退職金は支払わない。

（付則）

この規程は、令和○年○月○日から施行する。

2……定年後引き続き雇用される有期雇用労働者に対する労働契約法の特例

　60歳以上の社員を有期契約で定年後継続再雇用する場合、原則として無期転換ルールの対象となります。つまり、要件を満たした社員から無期転換の申込みがあった場合は、有期契約となった社員が再度無期契約社員となります。

就業規則で第二定年（60歳以上65歳未満で無期転換した場合は65歳を定年とする等）や第三定年（65歳以上で無期転換した場合には、無期転換から起算して1年を経過した後に最初に到来した誕生日を定年とする等）を定めていない場合には、無期転換を申し出た社員は「定年のない社員」となります。

　ただし、前述した通り（第1章34ページ）無期転換ルールにはいくつか例外があり、定年後引き続き雇用される有期契約労働者については、一定の手続きを行うことで無期転換申込権を発生させないことができます。

　P42に記載しました定年の廃止のメリットやデメリットをふまえ、会社が意図しない「定年のない社員」が発生することがないように、必要に応じた手続きをおすすめします。

　無期転換の高齢者の特例の流れは以下の通りです。

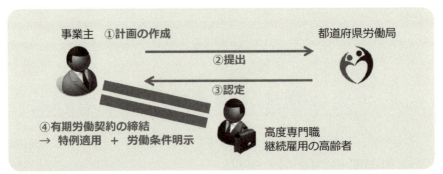

（厚生労働省「高度専門職・継続雇用の高齢者に関する無期転換ルールの特例について」より抜粋）

　手続きの内容は以下の通りです。なお、本手続は電子申請により行うことも可能です。

提出書類：第二種計画認定・変更申請書
提出先：本社・本店を管轄する都道府県労働局
提出期限：無期転換の申込権が発生する前に認定を受けられるタイミングで提出
　※現時点では認定には平均して1ヵ月半程度かかります。不備がある場合には追加書類の提出等で更に時間がかかりますので、早めの提出をおすすめします。

添付書類：
① 第二種特定有期雇用労働者の特性に応じた雇用管理に関する措置を実施することが分かる資料

雇用管理に関する措置の内容のチェックに応じた具体的な添付資料は以下の通りです。なお、チェックボックスは複数ありますが、チェックは一つで足ります。

高齢者雇用推進者の選任	高齢者雇用状況報告書（高齢者雇用推進者が記載されている場合のみ） 高齢者雇用推進者の任命書・辞令等
職業訓練の実施	安全衛生委員会で高齢者の雇用管理について定めた場合の議事録 高齢者用の作業管理マニュアル等
作業施設・方法の改善	
健康管理、安全衛生の配慮	
職域の拡大	再雇用規程等
職業能力を評価する仕組み、資格制度、専門職制度等の整備	
職務等の要素を重視する賃金制度の整備	
勤務時間制度の弾力化	

※高齢者雇用推進者が記載されている高齢者雇用状況報告書を添付するケースが多いです

② 　高齢者雇用確保措置を講じていることが分かる資料

　就業規則、労使協定等を添付します。「経過措置に基づく労使協定により継続雇用の対象者を限定する基準を利用」を選択している場合には、平成25年3月31日までに締結した労使協定を添付する必要があります。

③ 　変更申請の場合は、認定されている計画の写し

様式第7号

第二種計画認定・変更申請書

令和1年6月1日

東京労働局長殿

1 申請事業主

名称・氏名	CSアカウンティング株式会社	代表者職氏名（法人の場合）	CS 一郎 印
住所・所在地	〒(163-0631) 東京都新宿区西新宿 1-25-1 新宿センタービル 31 階	電話番号 03（5908）3423 FAX番号 03（5908）3422	

2 第二種特定有期雇用労働者の特性に応じた雇用管理に関する措置の内容

☑高年齢者雇用推進者の選任
□職業訓練の実施
□作業施設・方法の改善
□健康管理、安全衛生の配慮
□職域の拡大
□職業能力を評価する仕組み、資格制度、専門職制度等の整備
□職務等の要素を重視する賃金制度の整備
□勤務時間制度の弾力化

一つ以上にチェックを入れる
必要があります。
チェックを入れた項目を実施
したことが分かる資料を
添付します。

必ずチェックを入れます

3 その他

☑高年齢者雇用安定法第9条の高年齢者雇用確保措置を講じている。
　　□65 歳以上への定年の引き上げ
　　☑継続雇用制度の導入
　　　　□希望者全員を対象
　　　　☑経過措置に基づく労使協定により継続雇用の対象者を限定する基準を利用

継続雇用制度の導入を選択
した場合はいずれかに
チェックを入れます

（注）高年齢者等の雇用の安定等に関する法律の一部を改正する法律（平成 24 年法律第 78 号）附
　　則第3項に規定する経過措置に基づく継続雇用の対象者を限定する基準がある場合

3……セカンドライフ支援とキャリアデザイン支援制度

　これまで会社で長きに渡って勤務・活躍してくれた社員の定年退職後の人生（セカンドライフ）が充実したものとなるように、また、在職社員の今後のキャリアを共有し、会社と社員の双方の長きに渡る良好な関係を築くために、会社で様々な取り組みを行っている例をご紹介します。

■ セカンドライフ支援

　日本の制度には、退職後に定年退職された社員の方が個人で進めなければならない手続きが多くあります。年金の手続き・社会保険手続き・雇用保険手続き・税金手続き等、様々な指南書はあっても制度自体が複雑で、かつ手続きを管轄する各機関も縦割りになっています。また、これまで本人に代わって会社が行ってきたため、制度自体を熟知していない方が多いのも実態としてあるようです。

　長きに渡って会社に貢献をしてくれた社員が安心したセカンドライフの一歩を歩めるように、定年退職を控えている社員向けに、退職後に必要となる手続き等についての説明会を実施したり、小冊子を配布している会社があります。

【セカンドライフ支援説明会の構成例】

1　自社退職金制度について
　・退職金支給額・支給方法・退職金にかかる税金（所得税・住民税）等
2　雇用保険について
　・失業給付受給のための手続き・受給される基本手当金額・基本手当の受給日数と期間
　・受給期間延長手続き・再就職手当や就業手当・公共職業訓練・訓練延長給付
　・職業紹介機関・教育訓練給付金制度・高年齢雇用継続給付　等
3　退職後の健康保険について
　・国民健康保険制度加入について・任意継続制度利用について・家族の扶養に入る
　・後期高齢者医療制度について　等

4 年金について
- ・特別支給の老齢厚生年金制度・加入年金・在職老齢年金・老齢基礎年金と老齢厚生年金
- ・遺族基礎年金と遺族厚生年金・実際の手続きの仕方

5 税金について
- ・退職後の給与所得にかかる所得税・年金にかかる税金

　定年退職後も別の会社等で意欲的に就労したい、これまでとは別の分野の就業にチャレンジするために資格を取りたい、という社員も多く、そんな意欲的な社員のために、2の【雇用保険について】の中で本書項目に触れられていない内容や、役立つ情報について説明します。

(1) シニア世代のためのシニア就職相談窓口【生涯現役支援窓口（シニア応援コーナー）】

　再就職を目指す55歳以上の方を対象に、全国多数のハローワークに設置された窓口で、65歳以上の方を重点的に支援してくれます。近年からハローワークで始まった取り組みになり、特徴としては以下の通りです。

① シニア世代の方の採用に意欲的な企業の求人情報の提供
② 多様な就業ニーズ等に応じた情報の提供
③ シニア世代の方に適した各種ガイダンス（履歴書、職務経歴書の書き方や面接の受け方等）の実施

(2) 一般教育訓練給付制度

　働く人の能力開発を支援し、雇用の安定・再就職促進を目的とする雇用保険制度です。厚生労働省の指定する一般教育訓練を受講し終了した場合、本人が支払った必要な費用の一定割合に相当する額が支給されます。在職中でも受けられる制度ですが雇用保険被保険者期間が3年以上等の一定の要件を満たす必要があります。また、受けられる給付に関しても上限があります。講座には簿記検定や介護職員初任者研修終了等、様々な講座が用意されています。

(3) シルバー人材センター

　高齢者を対象に、ライフスタイルに合わせた「臨時的・短期的・その他の軽易な業務」を提供し高齢者の健康で生きがいのある生活の実現と地域社会の福祉向上・活性

化に貢献する、都道府県知事の指定を受けた社団法人組織です。安定した収入を得ることが目的ではなく、ボランティア・社会参加的な側面が強く、会員として登録した高齢者の中からセンターが適任者を選んで仕事を遂行します。

2 キャリアデザイン支援制度

　60歳定年が10年後に迫る50歳、もしくは50歳前半の社員を対象に、自社での定年再雇用制度の仕組みや定年後の生活等に関する情報を研修や面談等で共有し、今後の仕事・生活に関する将来の設計図を描けるようにする取り組みを行っている企業もあります。

　ただがむしゃらに仕事に取り組む30歳台・40歳台を超え50歳になり、自身のキャリア形成を今後どのように築くことができるのか分からない、また、築くためのモチベーションが持てない、自分の今後の仕事以外の人生をどうするのか、等、50歳という節目に様々な悩みを抱える社員が多い実態に即して考えられた制度です。自社での定年再雇用制度に関する仕組み・再雇用後の賃金水準等を知る事で、漠然とした老後の不安を解消できる、もしくは現状と同等の働きで会社に貢献し、自分自身の能力・キャリアを向上させたいと思わせモチベーションを上げさせることも可能な場合があり、企業・社員双方にとってメリットがある制度です。

第2章　社員が60歳を迎える前に

【第3章】

60歳以上の社員を
雇用する際の手続き

Topic

1

60歳以上の社員を定年後継続して再雇用する場合

　本稿では60歳以上の社員が定年退職した後に日を空けずに再雇用した場合の手順・留意点を時系列にポイントを絞って解説します。

1……雇用契約の締結

　定年再雇用に際し、60歳以上の社員と会社の間で、どのような条件で勤務するか（労働条件）について、自主的な交渉に基づく合意を行い、雇用契約を締結します。

　そこで合意した労働条件は明示する必要があります（労基法15・労基則5）。61ページに有期雇用型の労働条件通知書の例を記載しています。

　雇用契約締結にあたっては、雇用契約の期間や、退職金に関する事項、休職に関する事項等、60歳以上の社員と会社の中で認識の乖離があると後々問題となりえる項目については確実に記載してください。

　明示しなければならない事項には下記があります。

①　労働契約の期間

②　期間の定めのある労働契約を更新する場合の基準に関する事項（有期労働契約で契約を更新する場合がある場合）

③　就業の場所・従事する業務の内容

④　始業終業時刻、所定労働時間を超える労働の有無、休憩時間、休日、休暇、交替制勤務をさせる場合は就業時転換（交替期日あるいは交替順序等）に関する事項

⑤　賃金の決定・計算・支払方法、賃金の締切り・支払の時期並びに昇給に関する事項

⑥　退職に関する事項(解雇の事由を含む)

⑦　退職手当の定めが適用される労働者の範囲、退職手当の決定、計算・支払の方法、支払時期に関する事項

⑧　臨時に支払われる賃金、賞与などに関する事項

⑨　労働者に負担させる食費、作業用品その他に関する事項

⑩　安全・衛生に関する事項

⑪　職業訓練に関する事項

⑫　災害補償、業務外の傷病扶助に関する事項

⑬　表彰、制裁に関する事項

⑭　休職に関する事項

　パート社員については「特定事項」として明示する必要のある労働条件があります（パート・有期雇用労働則2①)。

①　昇給の有無

②　退職手当の有無

③　賞与の有無

④　短時間労働者の雇用管理の改善等に関する事項に係る相談窓口

　特定事項の違反については罰則もありますので社員をパート社員として雇用する場合は確実に明示してください。

　また、2020年4月（中小企業は2021年4月）以降はパート社員だけでなくフルタイム契約社員にも特定事項を明示する必要がありますのでご留意ください。

　下記に項目を挙げて解説します。

1 契約の期間（①・②）

　定年後再雇用契約を1年毎の有期雇用契約として締結する会社が多いですが、その度にしっかり雇用期間を記載して雇用契約を締結しましょう。ちなみに有期労働契約の上限は3年が原則ですが、60歳以上の労働者との有期労働契約の上限は5年となっています（労基法14)。

　労働条件通知書の記入例にもあるように、「契約更新の有無」・「契約更新の判断条件」についても確実に記載するようにしてください。

　また、有期雇用特別措置法による特例の運用を実施している場合は、記入例の通り、無期転換申込権が発生しない期間である旨を明示する必要がありますので記入漏れのないように留意してください。

2 有給休暇に関する事項 （④）

　定年退職後の有給休暇に関しては、定年退職前の勤続年数を通算して付与する必要があるので注意が必要です。

> Q5．定年退職後、再雇用した場合、勤続年数を通算して年休を与えなければならないでしょうか。
>
> 　年次有給休暇を付与することが必要となるための要件のひとつとして、労基法第39条では「6ヶ月以上継続勤務」することを定めとしていますが、この「継続勤務」とは、労働契約が存続している期間の意であり、いわゆる在籍期間のことであると解されています。労働契約が存続しているか否かの判断は、実質的に判断されるべき性格のものであり、形式上労働関係が終了し、別の契約が成立している場合であっても、前後の契約を通じて、実質的に労働関係が継続していると認められる限りは、労基法第39条にいう継続勤務と判断されます。定年退職による退職者を引き続き委嘱等として再採用している場合（退職手当規定に基づき、所定の退職手当を支給した場合を含む。）は、継続勤務となります。

（厚生労働省　東京労働局ホームページより）

　定年退職前の勤続年数を通算した付与日数を明記しましょう。

3 退職に関する事項 （⑥）

　定年再雇用制度の上限年齢をしっかり記載しましょう。高齢法の措置義務の影響を受け65歳としている会社が多いですが、それ以上に設定することももちろん可能です。

4 退職手当に関する事項 （⑦）

　60歳で定年退職する際に退職金を支払い、その後の有期雇用契約の期間においては退職手当の支給対象から外すという運用である場合は、退職手当は「無し」としてしっかり明記しましょう。

5 賞与に関する事項 （⑧）

　60歳以降の有期雇用契約期間においては賞与の支給対象から外すという運用であ

る場合は、賞与支給は「無し」としてしっかり明記しましょう（賞与支給対象から外すかどうかの判定は、同一労働同一賃金の観点から慎重に行ってください）。

6 休職に関する事項（⑭）

60歳以降の有期契約期間においては休職の適用対象から外すという運用である場合は、休職制度の適用がないことをしっかり明記しましょう（休職適用対象から外すかどうかの判定は、同一労働同一賃金の観点から慎重に行ってください）。

7 社会保険等加入の有無

「社会保険・雇用保険の適用の有無」に関しても問題となるケースが多いので、しっかりと明記しましょう。

雇用契約書の内容と就業規則の内容は常に整合性の取れるものであることが必要です。その点に関しても漏れることのないように上記「就業規則の整備」の項目も合わせて整備してください。

> **労働条件通知書と雇用契約書の関係**
>
> 雇用契約自体は民法上、口約束でも成立します。一方、労働条件通知書は労基法上、労働条件を明示することを会社に義務付けており、重要項目は書面（2019年4月よりメール等電磁的方法も含む）上で明示することが求められています。
> 　雇用契約に於ける口約束では後々にトラブルになることが多いため、雇用契約書として書面上に契約内容を記載し、労使双方の捺印・サインを残し、労使双方が保管する運用をお勧めします。労働条件通知書と雇用契約書を合体させて運用している会社も多くあります。

2……60歳以上の社員の職務内容

高年法においては会社に65歳までの雇用確保の「措置」を義務付けているもので、定年再雇用後の社員に関する職務内容や処遇について「規制」しているわけではありません。よって、定年退職後の社員を継続雇用するにあたり従来の労働条件や職務内容を変更することは可能です。また、社員と会社の間で労働時間の条件に関する合意

に至らず再雇用が叶わなかった場合も高年法違反となるわけではありません。

Q1-4：継続雇用制度について、定年退職者を継続雇用するにあたり、いわゆる
嘱託やパートなど、従来の労働条件を変更する形で雇用することは可能
ですか。その場合、1年ごとに雇用契約を更新する形態でもいいのでしょ
うか。

A1-4：継続雇用後の労働条件については、高年齢者の安定した雇用を確保する
という高年齢者雇用安定法の趣旨を踏まえたものであれば、最低賃金な
どの雇用に関するルールの範囲内で、フルタイム、パートタイムなどの
労働時間、賃金、待遇などに関して、事業主と労働者の間で決めること
ができます。

　　1年ごとに雇用契約を更新する形態については、高年齢者雇用安定法
の趣旨にかんがみれば、年齢のみを理由として65歳前に雇用を終了さ
せるような制度は適当ではないと考えられます。

したがって、この場合は、

[1] 65歳を下回る上限年齢が設定されていないこと

[2] 65歳までは、原則として契約が更新されること（ただし、能力な
ど年齢以外を理由として契約を更新しないことは認められます。）が必
要であると考えられますが、個別の事例に応じて具体的に判断されるこ
ととなります。

Q1-9：本人と事業主の間で賃金と労働時間の条件が合意できず、継続雇用を拒
否した場合も違反になるのですか。

A1-9：高年齢者雇用安定法が求めているのは、継続雇用制度の導入であって、
事業主に定年退職者の希望に合致した労働条件での雇用を義務付けるも
のではなく、事業主の合理的な裁量の範囲の条件を提示していれば、労
働者と事業主との間で労働条件等についての合意が得られず、結果的に
労働者が継続雇用されることを拒否したとしても、高年齢者雇用安定法
違反となるものではありません。

（厚生労働省　東京労働局ホームページより）

　しかしながら、定年再雇用後の会社から提示する労働条件が極端な職務変更・配置
転換であったり、大幅な賃金低減である場合は、会社の合理的な職務に関する裁量を

逸脱しており高年法の法的趣旨に合致していない、同一労働同一賃金規制の「差別的取扱い」の禁止に於ける問題にも接する可能性がありますので留意が必要です。

定年再雇用に関する職務変更において、有名な判例がありますのでその概要を記載します。

〔トヨタ自動車事件（名古屋高裁平成28年9月28日判決）〕

大学卒業後にトヨタ自動車へ入社し、事務職（デスクワーク）にて長年勤務してきた男性社員が、60歳の定年再雇用時に「スキルドパートナー」という5年間の再雇用制度を希望したにも関わらず、再雇用の基準に満たないという理由で「スキルドパートナー」としての再雇用は認められませんでした。会社は事務職としての業務内容ではなく、社内の清掃業務等（単純労務職）として1年雇用のパートタイム職（1日4時間）を提示しました。男性社員はその提示を「人間としての倫理と道徳を著しく逸脱している提示である」と拒否し、労使間の合意が得られなかったため、結果男性社員は再雇用されず、定年退職しました。その後に男性社員がトヨタ自動車を相手に、事務職としての地位の確認・賃金の支払いを求めて裁判で争われるに至った事案です。

第1審名古屋地裁判決では会社側の主張を認めて会社側勝訴としましたが、第2審名古屋高裁では、「定年後の継続雇用としてどのような労働条件を提示するかについては一定の裁量があるとしても、提示した労働条件が、無年金・無収入の期間の発生を防ぐという趣旨に照らして到底容認できないような低額の給与水準であったり、社会通念に照らし当該労働者にとって到底受け入れ難いような職務内容を提示するなど実質的に継続雇用の機会を与えたとは認められない場合においては、当該事業所の対応は改正高年法の趣旨に明らかに反するものであるといわざるを得ない」として、会社側に約127万円の損害賠償請求を命じました。

60歳までの職務と大きく異なる職務変更への会社の裁量を一定程度制限した結果となりました。

次世代の活躍・活性の妨げとならないよう、定年再雇用する60歳以上の社員をこれまで活躍していた部署とは異なる部署等で再雇用する運用は多くの会社で実施されています。

本件判決文の中に「我が国有数の巨大企業であって事務職としての業務には多種多様なものがあると考えられるにもかかわらず、従前の業務を継続することや他の事務作業等を行うことなど、清掃業務以外に提示できる事務職としての業務があるか否かについて十分な検討を行ったとは認め難い」と記されており、本件の背景には有名な

059

大企業といった特殊性があり、全ての会社に当てはまる判例ではないといえるでしょう。しかし、定年再雇用後に提示する職務内容については、これまでのスキルを顧みる事なく大幅な変更を行うといったことがないように留意してください。

（一般労働者用；常用、有期雇用型）

労働条件通知書

2019年4月1日

CS 太郎 殿

事業場名称・所在地　CSアカウンティング株式会社
東京都新宿区西新宿1-25-1新宿センタービル31階
使用者職氏名　代表取締役 CS 一郎

契約期間	期間の定めなし・期間の定めあり　（2019年4月1日〜2020年3月31日） ※以下は、「契約期間」について「期間の定めあり」とした場合に記入 1　契約の更新の有無 　［自動的に更新する・更新する場合があり得る・契約の更新はしない・その他（　　　）］ 2　契約の更新は次により判断する。 　・契約期間満了時の業務量　・勤務成績、態度　・能力 　・会社の経営状況　・従事している業務の進捗状況 　・その他（　健康状態　　　） 【有期雇用特別措置法による特例の対象者の場合】 無期転換申込権が発生しない期間：Ⅰ（高度専門）・Ⅱ（定年後の高齢者） 　Ⅱ　特定有期業務の開始から完了までの期間（　　　年　　か月（上限10年）） 　Ⅱ　定年後引き続いて雇用されている期間
就業の場所	東京都新宿区西新宿1-25-1 新宿センタービル31階
従事すべき 業務の内容	経理・会計事務業務 【有期雇用特別措置法による特例の対象者（高度専門）の場合】 ・特定有期業務（　　　　　　　　　　開始日：　　　　　完了日：　　　　）
始業、終業の 時刻、休憩時 間、就業時転 換（(1)〜(5) のうち該当す るもの一つに ○を付けるこ と。）、所定時 間外労働の有 無に関する事 項	1　始業・終業の時刻等 　(1) 始業（ 9時 00分）　終業（ 17時 30分） 　【以下のような制度が労働者に適用される場合】 　(2) 変形労働時間制等；（　）単位の変形労働時間制・交替制として、次の勤務時間の 　　　組み合わせによる。 　　┌ 始業（　時　分）終業（　時　分）（適用日　　　　　） 　　├ 始業（　時　分）終業（　時　分）（適用日　　　　　） 　　└ 始業（　時　分）終業（　時　分）（適用日　　　　　） 　(3) フレックスタイム制；始業及び終業の時刻は労働者の決定に委ねる。 　　　　　　　　（ただし、フレキシブルタイム（始業）　時　分から　時　分、 　　　　　　　　　　　　　（終業）　時　分から　時　分、 　　　　　　　　　　　コアタイム　　　　時　分から　時　分） 　(4) 事業場外みなし労働時間制；始業（　時　分）終業（　時　分） 　(5) 裁量労働制；始業（　時　分）終業（　時　分）を基本とし、労働者の決定に委ね 　　　る。 　○詳細は、就業規則（再雇用規程）第○条〜第○条、第○条〜第○条、第○条〜第○条 2　休憩時間（ 60 ）分 3　所定時間外労働の有無（ 有 , 無 ）
休　　日	・定例日；毎週土・日曜日、国民の祝日、その他（　　　　　　　　　） ・非定例日；週・月当たり　　　日、その他（　　　　　　　　　） ・1年単位の変形労働時間制の場合−年間　　　日 ○詳細は、就業規則（再雇用規程）第○条〜第○条、第○条〜第○条
休　　暇	1　年次有給休暇　○○日 　（定年退職時の残日数の繰り越し及び社員として就職したときより通算して算出する） 　　　　　　　時間単位年休（ 有・無 ） 2　代替休暇（ 有 ・無 ） 3　その他の休暇　有給（　夏季休暇・冬季休暇　） 　　　　　　　　　無給（　育児・介護休暇　等　） ○詳細は、就業規則（再雇用規程）第○条〜第○条、第○条〜第○条

（次頁に続く）

第3章　60歳以上の社員を雇用する際の手続き

061

賃　　金	1　基本賃金　イ　月給（285.000円）、ロ　日給（　　　　円）
	ハ　時間給（　　　　円）、
	ニ　出来高給（基本単価　　　　円、保障給　　　　円）
	ホ　その他（　　　　　　円）
	2　諸手当の額又は計算方法
	イ（通勤手当　○○円　／計算方法：　距離に応じて支給　）
	ロ（　　手当　　　円　／計算方法：　　　　　　　　　）
	ハ（　　手当　　　円　／計算方法：　　　　　　　　　）
	ニ（　　手当　　　円　／計算方法：　　　　　　　　　）
	3　所定時間外、休日又は深夜労働に対して支払われる割増賃金率
	イ　所定時間外、法定超　月６０時間以内（　25　）％
	月６０時間超　（　50　）％
	所定超　（　25　）％
	ロ　休日　法定休日（　35　）％、法定外休日（　25　）％
	ハ　深夜（　25　）％
	4　賃金締切日（基本月給・通勤手当・割増賃金）－毎月末日、（　　　）－毎月　　日
	5　賃金支払日（基本月給・通勤手当・割増賃金）－毎月翌月15日、（　　　）－毎月　　日
	6　賃金の支払方法（本人指定の口座振り込み）
	7　労使協定に基づく賃金支払時の控除（無，有（　　　　　））
	8　昇給（時期等　原則無し、契約更新時月給見直し有り　）
	9　賞与（　有（時期、金額等　　　　　　　），無）
	10　退職金（　有（時期、金額等　　　　　　　），無）
	11　休職制度（　有　，　無　）
退職に関する事項	1　定年制　（　有　（60歳）　，　無　）
	2　継続雇用制度（　有　65歳まで）　，　無　）
	3　自己都合退職の手続（退職する14日以上前に届け出ること）
	4　解雇の事由及び手続
	・勤務状況が著しく不良で改善の見込みがなく労働者としての職責を果たし得ないとき
	・事業の運営上又は天災事変その他これに準ずるやむを得ない事由により、事業の縮小又は閉鎖等を行う必要が生じ、かつ他の職務への転換が困難なとき
	○詳細は、就業規則（再雇用規程）第○条～第○条、第○条～第○条
そ　の　他	・社会保険の加入状況（　厚生年金　健康保険　厚生年金基金　その他（　　　　　））
	・雇用保険の適用（　有　，　無　）
	・その他

※以下は、「契約期間」について「期間の定めあり」とした場合についての説明です。
　労働契約法第18条の規定により、有期労働契約（平成25年4月1日以降に開始するもの）の契約期間が通算５年を超える場合には、労働契約の期間の末日までに労働者から申込みをすることにより、当該労働契約の期間の末日の翌日から期間の定めのない労働契約に転換されます。ただし、有期雇用特別措置法による特例の対象となる場合は、この「５年」という期間は、本通知書の「契約期間」欄に明示したとおりとなります。

※　以上のほかは、当社就業規則による。
※　労働条件通知書については、労使間の紛争の未然防止のため、保存しておくことをお勧めします。

3……同一労働同一賃金とは

1 高齢者雇用の現状

　平成30年の高齢者の雇用状況集計結果によると、高年齢者雇用確保措置を講じている企業のうち、約80％は継続雇用制度を導入しています。

　東京都産業労働局が行った平成24年度高齢者の継続雇用に関する実態調査によると、継続雇用者の所定内賃金額が定年退職時と比較して８割未満となっている企業は72.9％となっており、多くの企業で定年を契機に給与の引き下げが行われていることを示しています。

　また、夏季一時金の支給月数は支給０ヶ月が正社員7.1％に対し、継続雇用者は30.２％となっています。所定時間内賃金に加えて、賞与も引き下げられていることが分かります。

2 同一労働同一賃金

　2018年６月に成立した働き方改革関連法の大きな変更点の一つに同一労働同一賃金があります。労働契約法20条に定めている有期雇用労働者の均衡待遇規定が削除され、パート有期法８条の均衡待遇及び９条の均等待遇の規定が有期雇用労働者にも適用されることとなりました。パートと有期雇用労働者の規定が一本化された改正パート有期法は、大企業は2020年４月から、中小企業は2021年４月から施行されます。

　同一労働同一賃金とは、同一企業・団体におけるいわゆる正規雇用労働者と非正規雇用労働者の不合理な待遇差の解消を目指すものです。非正規雇用労働者には、定年再雇用の社員（一般的に嘱託社員と呼ばれることが多いため以下「嘱託社員」という）も含まれます。上記**1**の通り、定年再雇用後に賃金を引き下げている企業が大部分であり、引き下げている企業は正社員と嘱託社員の待遇差が不合理なものとなっていないか確認する必要があります。以下で同一労働同一賃金のポイントについて説明します。

　改正パート・有期法の同一労働同一賃金に関する条文は次ページの通りです。

第8条（不合理な待遇の禁止）

　事業主は、その雇用する短時間・有期雇用労働者の基本給、賞与その他の待遇のそれぞれについて、当該待遇に対応する通常の労働者の待遇との間において、当該短時間・有期雇用労働者及び通常の労働者の業務の内容及び当該業務に伴う責任の程度、当該職務の内容及び配置の変更の範囲その他の事情のうち、当該待遇の性質及び当該待遇を行う目的に照らして適切と認められるものを考慮して、不合理と認められる相違を設けてはならない。

第9条（通常の労働者と同視すべき短時間・有期雇用労働者に対する差別的取扱いの禁止）

　事業主は、職務の内容が通常の労働者と同一の短時間・有期雇用労働者であって、当該事業所における慣行その他の事情からみて、当該事業主との雇用関係が終了するまでの全期間において、その職務の内容及び配置が当該通常の労働者の職務の内容及び配置の変更の範囲と同一の範囲で変更されることが見込まれるものについては、短時間・有期雇用労働者であることを理由として、基本給、賞与その他の待遇のそれぞれについて、差別的取扱いをしてはならない。

　8条では正社員とパートタイム・有期雇用労働者の均衡待遇を求めたもので、9条は均等待遇を求めています。「均等」とは、同一労働である場合に異なる取扱いを禁止するものであり、「均衡」とは労働に応じてバランスの取れた待遇を求めるものです。改正法では①職務の内容及び当該業務に伴う責任の程度（職務の内容）及び②職務の内容及び配置の変更の範囲（人材活用の仕組み）が同一である場合には異なる取扱いを禁止し、①②及び③その他の事情を考慮して不合理な待遇差を禁止しています。

　①及び②を判断する際の検討ポイントは以下の通りです。全てが同じ場合は原則として同一であると考えられます。

　①　職務内容同一性の判断

　　（1）業務の種類（職種）が同じか

　　（2）中核的業務が実質的に同じか

　　（3）責任の程度が著しく異ならないか

　②　人材活用の仕組みの同一性の判断

　　（1）転勤の有無について双方転勤ありか

　　（2）転勤の範囲も実質的に同じ範囲か

　　（3）職務内容と配置の変更について双方とも変更ありか

（4）その変更の範囲も実質的に同じか

❸ 定年再雇用後の給与引き下げに関する判例

（1）長澤運輸事件

　定年再雇用社員の待遇差について争われた判例として長澤運輸事件（最高裁第二小法廷平成30年6月1日判決）があります。本事件はセメント、液化ガス、食品等の輸送事業を営む会社において、定年後に有期労働契約を締結して正社員と同じバラセメントタンク車のドライバーとして勤務していた嘱託社員が提起したものです。定年後の賃金が定年前の賃金の約80％となったことに対し、定年前後の賃金格差を労契法20条（パート・有期法8条に承継される有期雇用労働者の均衡待遇規定）に違反するものとして、①正社員と同様の地位にあることの確認及び②正社員であれば支給された賃金と実際に支払われた賃金の差額を請求しました。最高裁は精勤手当の未払いは違法として精勤手当金額の支払と精勤手当を加味して超勤手当を再計算した場合の差額の支払を命じていますが、その他の請求については棄却しています。

　本判例のポイントは以下の3点です。
① 有期契約労働者が定年退職後に再雇用された者であることは、労働契約法20条にいう「その他の事情」として考慮されることとなる事情にあたる
② 有期契約労働者と無期契約労働者との待遇が不合理であるかは支給額全体で比較するのではなく、項目ごとに判断される
③ 有期契約労働者と無期契約労働者との労働条件の相違が労働契約法20条に違反する場合であっても、有期契約労働者の労働条件が比較の対象である無期契約労働者の労働条件と同一のものになるわけではない

（2）判例の詳細

　判例ポイントの詳細は以下の通りです。
　①最高裁の判決文において、（1）職務の内容及び（2）人材活用の仕組みについては定年前後で同一であると判断しています。その上で、定年制は使用者が労働者の長期雇用や年功的処遇を前提としながら、人事の刷新等により組織運営の適正化を図るとともに、賃金コストを一定限度に抑制するための制度として、「有期契約労働者が定年退職後に再雇用された者であることは、当該有期契約労働者と無期契約労働者との労働条件の相違が不合理と認めるものであるか否かの判断において、労働契約法20条にいうその他の事情として考慮されることとなる事情に当たると解するのが相

当である」と判示しています。

　判例は定年再雇用後の労働条件の相違がその他の事情に当たると判断していますが、本件では労働組合と協議を重ね経過措置を設けた経緯があることから、本判決をもって定年再雇用時の賃金格差が全て認められるわけではないと考えられます。今後は2018年８月に人事院が示した「定年を段階的に65歳に引き上げるための国家公務員法の改正についての意見の申出」（俸給月額は原則として60歳前の７割に引き下げ、諸手当のうち俸給月額の水準と関係するものは60歳前の７割水準、60歳も含めた給与カーブのあり方を検討）という方針とのバランスも加味しながら賃金水準を検討する必要があると考えます。

　②本件訴訟においては、（1）嘱託社員に対し能率給及び職務給が支給されず、歩合給が支給されること、（2）嘱託社員に対し、精勤手当、住宅手当、家族手当及び役付手当が支給されないこと、（3）嘱託社員の時間外手当が正社員の超勤手当より低く計算されること、（4）嘱託社員に対して賞与が支給されないことが争点となっています。最高裁の判断は総額ではなく手当ごとに判断されています。手当ごとの判断内容は下表の通りです。本件では調整給の支給があることもあり、住宅手当及び家族手当の不支給は違法でないと判断されていますが、生活給については待遇差に理由

手当名	判断	理由
能率給 職務給	○	①職務給を支給しない代わりに基本賃金の水準以上とし、歩合給に係る係数を能率給より高く設定している、②団体交渉の末、老齢厚生年金の報酬比例部分の支給が開始されるまでの間、２万円の調整給を支給している、の２点を加味して総合判断
精勤手当	×	社員に対して皆勤を奨励する趣旨であり、職務の内容が同一である以上、皆勤を奨励する必要性に相違はない
住宅手当 家族手当	○	幅広い世代の労働者が存在する正社員に対し住宅費及び家族を扶養するための生活費を支給しているところ、嘱託社員は年金の支給を受けることが予定され、支給開始までは調整給を支給することを鑑みて総合的に判断
役付手当	○	正社員の中から指定された役付者であることに対して支給されるものである
超勤手当	△	割増率は同じであり不合理とはいえないが、超勤手当の計算の基礎に精勤手当が含まれていないため精勤手当を含めた場合の金額との差額を支給
賞与	○	多様な趣旨を含み得るものであるが、①嘱託社員は定年退職時に退職金を受給すること、②年金支給までは調整給の支給があること、③年収は約80％程度が想定され、成果が賃金に反映されやすくなっていることを加味して総合判断

があるか否かよく検討しておく必要があると考えます。

　③労契法20条は有期契約労働者について無期契約労働者との職務の内容等の違いに応じた均衡のとれた処遇を求める規定であり、文言上も、両者の労働条件の相違が同条に違反する場合に、当該有期労働契約者の労働条件が比較の対象である無期契約労働者の労働条件と同一のものになる旨は定めていないと判示しています。そのため、相違が均衡規定に違反していたとしても無期契約労働者と同一の労働条件となるわけではなく、不合理な待遇差と判断された手当の未払い分の損害賠償のみ認めています。

4 同一労働同一賃金を踏まえた再雇用制度の運用

　定年前と定年後の職務の内容や人材活用の仕組みが変わらない場合には賃金の減額を行わず、職務の内容や人材活用の仕組みが変わる場合には均衡の取れた賃金設定をすべき、というのが同一労働同一賃金の原則的な考え方になります。ただし、上述の通り判例で定年再雇用は「その他の事情」にあたり判断に加味されていることや、公務員が60歳を超える職員の給与を60歳前の7割水準に設定するよう検討している（人事院　定年を段階に65歳に引き上げるための国家公務員法等の改正についての意見の申出）ことを踏まえると、定年前後で同じ職務である場合であっても適正な範囲内であれば賃金の減額は認められると考えられます。

　定年再雇用後の賃金の設定にあたり考慮すべき点として在職老齢年金と高年齢継続雇用給付の2点があります。次ページ以降で詳細を記載しておりますのでご参照下さい。

4……賃金の設定

　本稿では、60歳以上の社員を定年後継続して再雇用する際の関連法令について説明します。

　同一労働同一賃金について詳細は前項で触れましたが、再雇用時の賃金設定に際して、再雇用前後の業務が同一労働であると見做されるなど一定の条件を満たす場合には同一労働同一賃金として法令が適用されることを念頭に置いてください。

　60歳以上の社員の賃金設定にあたり考慮するべき法律としては以下が考えられま

す。

① 厚生年金法（在職老齢年金制度）

② 雇用保険法（高年齢雇用継続給付制度）

1 厚生年金法（在職老齢年金）

当該制度の仕組みについては、9～20ページで詳しく記載しておりますので、該当箇所をご参照下さい。賃金設定の視点から在職老齢年金制度を見ていきたいと思います。

(1) 60歳台前半の在職老齢年金

60歳台前半の在職老齢年金では「28万円（支給停止調整開始額）」が一つの指標となります。大まかに言えば、給与（賞与込）と年金月額の合算額が「28万円」以下であれば年金は支給停止されることはありません。ただ、「28万円」という額であるため、当該金額を上回るケースがあります。年金月額も65歳以降とは異なり、加給年金額以外の額が併給調整の対象となりますので、厚生年金加入対象となるような勤務形態の方であると一定額の給与も得ると思いますので、特別支給の老齢厚生年金は全額支給停止となる可能性が高くなります。また60歳台前半の特別支給の老齢厚生年金は繰下げ受給を選択できません。

ただ、社員にとっては、（一部または全部）支給停止になったとしても、年金以外に給与収入がある事、厚生年金保険へ加入し続けるため退職後は年金増額改定となることから、必要以上に支給停止を気にすることはないと考えます。

「28万円（支給停止調整開始額）」は賃金の変動に応じて自動的に改定する仕組みとなっています。賃金はそれほど大きくは変動しないため、ここ数年は「28万円」が定着していますが、毎年見直される点には注意が必要です。

(2) 65歳以降の在職老齢年金

65歳以降の在職老齢年金では「47万円（支給停止調整変更額）」が一つの指標となります。大まかに言えば、給与（賞与込）と年金月額の合算額が「47万円」以下であれば年金は支給停止されることはありません。60歳台前半の在職老齢年金での「28万円」と比較すると大幅に増額されています。併給調整の指標となる金額が大きく緩和され、65歳以降に併給調整の対象となる老齢年金は老齢基礎年金及び加給年金を除いた年金月額となりますので、60歳台前半と比較するとその対象範囲は絞られます。

068

厚生労働省ホームページに掲載されている第6回社会保障審議会年金部会2018年11月2日の資料1には60歳台前半と65歳以降で在職老齢年金制度の趣旨が異なることが記載されています。60歳台前半を就労期間として捉え、「低賃金の在職者の生活を保障するために年金を支給する仕組み」であるため、「28万円」という金額設定になります。一方、65歳以降は「高賃金の在職者の年金を支給停止する仕組み」という考え方になります。働いても不利にならないような一定の配慮をしつつ、年金は世代間扶養の前提がありますので、負担している現役世代とのバランスから「高賃金の在職者」には年金支給停止を許容してもらうということです。

※　以下の資料は2018年時点の数字となりますので、2019年4月には「支給停止調整変更額」が「46万円」から「47万円」へ改定されています。

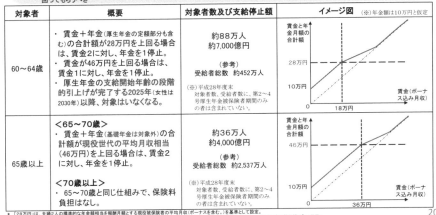

(第6回社会保障審議会年金部会2018年11月2日の資料1)

　65歳を境に、支給停止者数はおよそ半数になっていることが数字にも顕著に表れています。ただ、資料では在職老齢年金の対象者数を記載しているのみですので、60~64歳では在職老齢年金対象者であったけれども65歳以降は退職したために在職老齢年金対象者ではなくなったのか、65歳以降継続勤務しているが、在職老齢年金の計算式が変わったため、あるいは給与や年金額が変わったために、給与と年金の双方を受給しているのかは読み取ることができない点をお含みおきください。

2 雇用保険法（高年齢雇用継続給付金）

　雇用保険の高年齢雇用継続給付とは、雇用保険加入期間が5年以上ある60歳以上65歳未満の雇用保険加入者に対して、賃金額が60歳到達時の75％未満となった方を対象に、最高で賃金額の15％に相当する額を支給するものです。

60歳到達時点の会社から転職して再就職先での賃金が低下した場合にも当該給付を受け取れる場合があります。このためには再就職先へ前職での60歳賃金登録証明書を提示する必要があります。

　当該給付金を考慮して定年再雇用時の賃金を決定する場合も見受けられますが、前述の通り同一労働同一賃金の原則も考慮し、決定する必要があります。併給調整を考慮して、以下のような考え方で賃金を確定するという方法もありますので参考にしてください。

【例】高年齢雇用継続給付金を賃金の15％を受給する場合…
60歳到達時賃金月額　470,000円
60歳以降に受け取る賃金　282,000円A（60歳時点から60％賃金低下）
高年齢雇用継続給付金　42,300円B（賃金の15％を支給）
AとBの合算額「324,300円」（60歳到達時賃金の69％）を受け取ることができます。
　試算を行うにあたって考慮するべき事項として下記が考えられます。
①　60歳到達時賃金月額の上限額があること
　　60歳到達時賃金として算出された金額が472,500円（※）を超える場合には、472,500円となります。
②　高年齢雇用継続給付に支給限度額があること
　　支給対象月に支払われた賃金の額に、高年齢雇用継続給付として算出された「支給額」を加えた額が363,359円（※）を超える場合は、363,359円から支給対象月に支払われた賃金の額を減じた額が支給額となります。
③　高年齢雇用継続給付に支給下限額があること
　　高年齢雇用継続給付として算出された「支給額」が1,984円（※）を超えない場合は、高年齢雇用継続給付は支給されません。
④　原則、5年以上の雇用保険加入期間が必要です。
　※　これらの金額は毎年8月1日に「毎月勤労統計」の平均定期給与額に基づき改定さ

れます。

　60歳前に472,500円を上回るような賃金が支給されている社員に関しては、60歳時登録賃金が上限額で登録されます。高年齢雇用継続給付金受給を考えて60歳以降の賃金設定を行うとなると、賃金の減額幅が大きくなり、定年再雇用され継続して勤務する社員への影響は大きくなりますし、社員のモチベーションや担う業務とのバランス等も考慮しながら、会社は60歳以上の社員の賃金を決定していく必要があります。

　厚生年金保険加入者の方で、特別支給の老齢厚生年金などの65歳になるまでの老齢年金を受けている方が雇用保険の高年齢雇用継続給付（高年齢雇用継続基本給付金・高年齢再就職給付金）を受けられるときは、在職による年金の支給停止に加えて年金の一部が支給停止されます。支給停止される年金額は、最高で賃金（標準報酬月額）の６％に当たる額です。

5……同日得喪の手続き

　60歳以上の社員を定年後継続して再雇用する場合、身分変更や労働条件の変更に伴い、賃金が低下することがあります。

　通常、再雇用の場合、使用関係は継続となるため、社会保険の資格取得と喪失の手続きは行いませんが、賃金が低下した場合には、一旦使用関係が中断したものとみなし、同時に社会保険の資格取得と喪失の手続きを行うことができます。新たに資格取得手続きを行うことによって、再雇用時の賃金に応じた低い標準報酬月額に決定することができるため、労使双方の社会保険料を低く抑えることができるというメリットがあります。

　本項では具体的な手続きについて説明をします。

1 同日得喪手続き

　60歳以上の社員を定年後継続して再雇用するときに、再雇用後の賃金が以前と比べて低い場合には、資格の喪失日と取得日を同日にして提出することによって、再雇用後の賃金に応じた標準報酬月額に決定することができます。この手続きを同日得喪といいます。

2 標準報酬月額について

　健康保険料、介護保険料、厚生年金保険料の社会保険料の計算では、標準報酬月額に料率をかけて保険料の計算をします。標準報酬月額とは、基本給に通勤手当などの手当を足した1か月の給与額を保険料額表にあてはめ、その該当する等級の金額のことをいいます。この標準報酬月額は、給与の低下によりすぐに改定されるものではなく、随時改定といって、通常、固定的賃金の変動があった月から3か月の平均をとり、2等級以上の差があった場合に改定されます。

　定年退職後継続して再雇用される場合には、一旦使用関係が中断したものとみなし、資格の喪失と取得を同時に提出することによって、再雇用時の賃金に応じた取得時の低い標準報酬月額を使用することができますが、標準報酬月額が下がることにより、将来の年金額や傷病手当金等に影響がある場合がありますので、ご留意ください。

3 同日得喪の手続き

提出書類：健康保険・厚生年金保険 被保険者資格喪失届、健康保険・厚生年金保険
　　　　　被保険者資格取得届
提出先：事務センター（もしくは会社管轄の年金事務所）、健保組合（健保組合管轄
　　　　の場合）
提出期限：事実が発生してから5日以内
添付資料：
① 就業規則、退職辞令の写し（退職日の確認ができるものに限る）
② 雇用契約書の写し（継続して再雇用されたことが分かるものに限る）
③ 「退職日」及び「再雇用された日」に関する事業主の証明書（事業主印が押印されているものに限る）

　定年後継続して再雇用とは、1日も空くことなく同じ会社に再雇用されることをいいます。この同日得喪手続きは、定年制の有無は関係なく、60歳以後に退職した後、継続して再雇用された場合であれば対象となります。

　平成25年4月から、年金を受取る権利の有無に関係なく、60歳以上に拡大されました。

通達：平成25年1月25保保発0125第1号等

嘱託として再雇用された者の被保険者資格の取扱いについて（通知）

　健康保険法及び厚生年金保険法においては、一定の事業所に使用される者が事業主との間に事実上の使用関係が消滅したと認められる場合にその被保険者の資格を喪失するものと解されている。したがって、同一の事業所においては雇用契約上一旦退職した者が一日の 空白もなく引き続き再雇用された場合は、退職金の支払いの有無又は身分関係若しくは職務内容の変更の有無にかかわらず、その者の事実上の使用関係は中断することなく存続しているものであるから、被保険者の資格も継続するものである。

　ただし、60歳以上の者で、退職後継続して再雇用されるものについては、使用関係が一旦中断したものと見なし、事業主から被保険者資格喪失届及び被保険者資格取得届を提出させる取扱いとして差し支えないこと。なお、この場合においては、被保険者資格取得届にその者が退職をした後、新たな雇用契約を結んだことを明らかにできる書類（事業主の証明書等）を添付させること。

第3章　60歳以上の社員を雇用する際の手続き

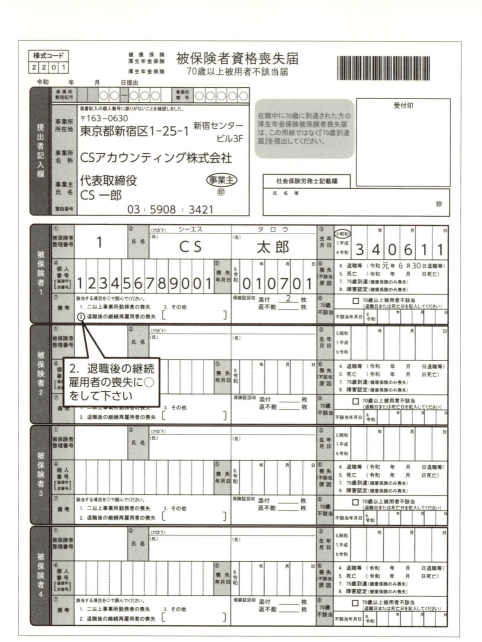

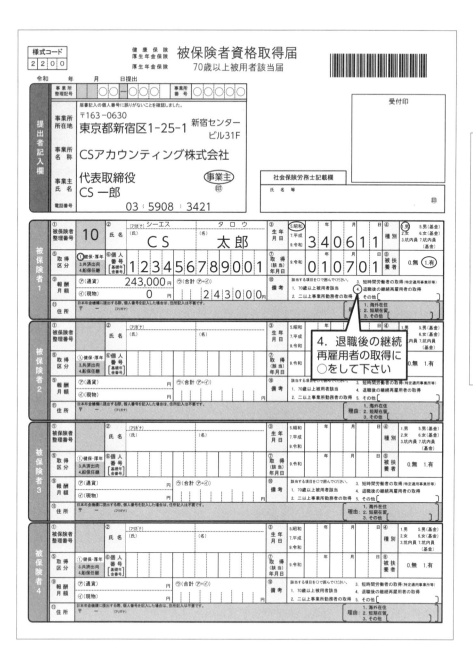

6……高年齢雇用継続基本給付金の手続き

60歳以上65歳未満の社員の賃金が、60歳時点での賃金と比較して、75％未満に低下した場合に、ハローワークへ申請することにより、賃金の最大15％が給付金として支給されます。本項では具体的な手続きについて説明します。

1 高年齢雇用継続基本給付金の基本的な流れ

給付金の申請は原則として事業主を経由して手続きを行います。

```
受給資格要件（被保険者期間が通算して5年以上）を満たしている場合
```

賃金が60歳時点の75％未満に低下した月があった場合、初めて低下した月の初日から4か月以内に受給資格確認手続きと初回支給申請手続きを同時にする。	賃金が60歳時点の75％未満に低下するかしないかに関わらず、あらかじめ受給資格確認手続きをする。
受給資格確認通知書、支給決定通知書、次回支給申請書が交付される。以降、2か月ごとに支給申請書を提出する。※	受給資格確認通知書、（初回）支給申請書が交付される。以降、2か月ごとに支給申請書を提出する。※

※賃金が60歳時点の75％未満に低下しない場合には、給付金の対象とはなりません。

2 初回支給申請手続き

勤務する社員が60歳に達し、受給資格要件（被保険者期間が通算して5年以上ある）と支給要件（60歳以降の賃金額が75％未満に低下）を満たした場合には、受給資格確認手続きと初回の支給申請手続を同時に行うことができます。
また、賃金が60歳時点の75％未満に低下するかしないかに関わらず、あらかじめ受給資格確認手続きのみを行うこともできます。

提出書類：高年齢雇用継続給付受給資格確認票・（初回）高年齢雇用継続給付支給申請書

※受給資格確認手続きをあらかじめ行う場合には、受給資格確認票として使用します。

雇用保険被保険者六十歳到達時等賃金証明書

提出先：会社管轄の公共職業安定所（ハローワーク）

提出期限：最初に支給を受けようとする支給対象月の初日から起算して4か月以内

添付資料：• 賃金台帳、出勤簿（タイムカード）、労働者名簿、雇用契約書など
- 被保険者の年齢が確認できる書類の写し（運転免許証、住民票記載事項証明書、その他住民票記載事項証明書をもとに公的機関が発行した証明書で年齢を確認できる書類）
- 本人名義の通帳の写し

※払渡希望金融機関指定届の金融機関による確認印欄に、金融機関の確認印を受けた場合には通帳の写しは不要です。申請者本人が金融機関に届け出た印を押印する欄ではないので間違いのないようにしてください。

■ 様式第33号の3（第101条の5、第101条の7関係）（第1面）

高年齢雇用継続給付受給資格確認票・（初回）高年齢雇用継続給付支給申請書
（必ず第2面の注意書きをよく読んでから記入してください。）

帳票種別
`1 4 3 0 0`

1. 個人番号
`1 2 3 4 5 6 7 8 9 1 2 3`

2. 被保険者番号
`1 1 1 1 - 1 2 3 4 5 6 - 7`

3. 資格取得年月日
`3 - 6 1 0 4 0 1` （3 昭和 4 平成 / 5 令和）
元号　年　月　日

4. 事業所番号
`0 0 0 0 - 1 2 3 4 5 6 - 7`

5. 給付金の種類
`1` （1 基本給付金 / 2 再就職給付金）

＜賃金支払状況＞

6. 支給対象年月その1	7. 6欄の支給対象月に支払われた賃金額	8. 賃金の減額のあった日数	9. みなし賃金額
`5 - 0 1 0 7` 元号 年 月	`2 4 3 0 0 0` 円	`0`	円

10. 支給対象年月その2	11. 10欄の支給対象月に支払われた賃金額	12. 賃金の減額のあった日数	13. みなし賃金額
`5 - 0 1 0 8` 元号 年 月	`2 4 3 0 0 0` 円	`0`	円

14. 支給対象年月その3	15. 14欄の支給対象月に支払われた賃金額	16. 賃金の減額のあった日数	17. みなし賃金額
元号 年 月	円		円

※公共職業安定所記載欄	60歳到達時等賃金登録欄	18. 賃金月額（区分ー日額又は総額）	19. 登録区分（1 日額 / 2 総額）	20. 基本手当の受給資格	21. 定年等修正賃金登録年月日 元号 年 月 日
	高年齢雇用継続給付受給資格確認票目記載欄	22. 受給資格確認年月日 元号 年 月 日	23. 支給申請月（1 奇数月 / 2 偶数月）	24. 次回（初回）支給申請年月日 元号 年 月 日	25. 支払区分
		26. 金融機関・店舗コード　口座番号			27. 未支給区分（空欄 未支給以外 / 1 未支給）

その他賃金に関する特記事項

28.	29.	30.

上記の記載事実に誤りのないことを証明します。

事業所名（所在地・電話番号） 東京都新宿区西新宿1-25-1 03-5908-3421

令和 元 年 9 月 15 日　事業主氏名 CSアカウンティング株式会社 代表取締役 CS一郎 （事業主）印

上記のとおり高年齢雇用継続給付の受給資格の確認を申請します。
雇用保険法施行規則第101条の5・第101条の7の規定により、上記のとおり高年齢雇用継続給付の支給を申請します。

令和 元 年 9 月 15 日　新宿 公共職業安定所長 殿

住所 東京都新宿区○-○-○
フリガナ シーエス タロウ
申請者氏名 CS太郎 （CS）印

払渡希望金融機関指定届		フリガナ	○○		○○	金融機関コード	店舗コード	金融機関による確認印
	払渡希望金融機関	名称	○○銀行	○○	本店（支店）	`0 0 0 0`	`0 0 0`	銀行印
		銀行等（ゆうちょ銀行以外）	口座番号	（普通）	1 2 3 4 5 6 7			
		ゆうちょ銀行	記号番号	（総合）	-			

◆ 金融機関へのお願い
　雇用保険の失業等給付を受給者の金融機関口座へ迅速かつ正確に振り込むため、次のことについて御協力をお願いします。
　1. 上記の記載事項のうち「申請者氏名」欄、「名称」欄及び「銀行等（ゆうちょ銀行以外）」の「口座番号」欄（「ゆうちょ銀行」の「記号番号」欄）を確認した上、
　　「金融機関による確認印」欄に貴金融機関確認印を押印してください。
　2. 金融機関コード及び店舗コードを記入してください（ゆうちょ銀行の場合を除く。）。

備考	賃金締切日 末日・賃金支払日（当月・翌月）25日 賃金形態（月給・日給・時間給）				※処理欄	資格確認の可否	可 ・ 否	
	所定労働時間 6欄 20 日 10欄 20 日 14欄 日					年齢確認書類 住・免・（　　）		
	通勤手当有（毎月・3か月・6か月）・無					資格確認年月日 令和 年 月 日		
						通知年月日 令和 年 月 日		

社会保険労務士記載欄	作成年月日・提出代行者・事務代理者の表示	氏名 印	電話番号	※	所長	次長	課長	係長	係	操作者

2019. 5

様式第33号の4

雇用保険被保険者六十歳到達時等賃金証明書（安定所提出用）

① 被保険者番号	1111 - 123456 - 7	③ フリガナ	シーエス　タロウ
② 事業所番号	0000 - 123456 - 7	60歳に達した者の氏名	CS　太郎

④ 事業所	名称	CSアカウンティング株式会社	⑤ 60歳に達した者の住所又は居所	〒163-○○○○ 東京都新宿区○-○-○
	所在地	東京都新宿区1-25-1 新宿センタービル31F		電話番号 (○○)○○○○ - ○○○○
	電話番号	03-5908-3421		

⑥ 60歳に達した日等の年月日	令和 元 年 6 月 10 日	⑦ 60歳に達した者の生年月日	昭和 34 年 6 月 11 日

㊞ この証明書の記載は、事実に相違ないことを証明します。

事業主
住所　東京都新宿区1-25-1 新宿センタービル31F
CSアカウンティング株式会社
氏名　代表取締役　CS一郎　（事業主）

60歳に達した者の自筆による署名又は記名押印　CS

60歳に達した日等以前の賃金支払状況等

⑧ 60歳に達した日等に離職したとみなした場合の被保険者期間算定対象期間	⑨ ⑧の期間における賃金支払基礎日数	⑩ 賃金支払対象期間	⑪ ⑩の基礎日数	⑫ 賃金額 Ⓐ	Ⓑ	計	⑬ 備考
60歳に達した日等の翌日 6月11日							
5 月11日～60歳に達した日等	31日	6 月 1 日～60歳に達した日等	10日	157,400			
4 月11日～ 5 月10日	30日	5 月 1 日～ 5 月31日	31日	472,200			
3 月11日～ 4 月10日	31日	4 月 1 日～ 4 月30日	30日	472,200			
2 月11日～ 3 月10日	28日	3 月 1 日～ 3 月31日	31日	472,200			
1 月11日～ 2 月10日	31日	2 月 1 日～ 2 月28日	28日	472,200			
12月11日～ 1 月10日	31日	1 月 1 日～ 1 月31日	31日	472,200			
11月11日～12月10日	30日	12月 1 日～12月31日	31日	472,200			
10月11日～11月10日	31日	11月 1 日～11月30日	30日	472,200			
9 月11日～10月10日	30日	10月 1 日～10月31日	31日	472,200			
8 月11日～ 9 月10日	31日	9 月 1 日～ 9 月30日	30日	472,200			
7 月11日～ 8 月10日	31日	8 月 1 日～ 8 月31日	31日	472,200			
6 月11日～ 7 月10日	30日	7 月 1 日～ 7 月31日	31日	472,200			
月 日～ 月 日		6 月 1 日～ 6 月30日	30日	472,200			

⑭ 賃金に関する特記事項		六十歳到達時等賃金証明書受理 平成 年 月 日 （受理番号 番）
※公共職業安定所記載欄		

(注) 高年齢雇用継続給付金に係る手続は電子申請による申請も可能です。その際、当該手続について、社会保険労務士が電子申請により当該申請書の提出に関する手続を事業主に代わって行う場合には、当該社会保険労務士が当該事業主の提出代行者であることを証明することができるものを当該申請書の提出と併せて送信することをもって、本証明書に係る当該事業主の電子署名に代えることができます。

社会保険労務士記載欄	作成年月日・提出代行者・事務代理者の表示	氏 名	電話番号	※ 所長	次長	課長	係長	係
		㊞						

(46) 26.4

(5) 手続き後、ハローワークで交付される通知について

(イ) 受給資格の確認

[受給資格が確認された場合]

　「高年齢雇用継続給付受給資格確認通知書（被保険者通知用）」が交付されます。この通知書には、60歳到達時の「賃金月額」と「賃金月額の75％」が印字されますので、社員へ渡してください。その際、支給される賃金額が、この通知書に印字された「賃金月額の75％」未満に低下した場合に給付金の支給を受けることができる旨を説明してください。

[受給資格が否認された場合]

　「高年齢雇用継続給付受給否認通知書」が交付されますので、社員へ渡してください。その際、受給資格要件（被保険者期間が5年）を満たした場合に、再度受給資格の確認ができる旨を説明してください。

(ロ) 支給要件を満たした場合

　「高年齢雇用継続給付支給決定通知書（被保険者通知用）」と「支給申請書」（次回分）が交付されます。決定通知書は、支給決定された支給金額が記載されていますので社員へ渡してください。また、支給決定された給付金は、支給決定日から約1週間後に社員の指定口座に振り込まれます。

　事業主には、「高年齢雇用継続給付次回支給申請日指定通知書（事業主通知用）」が交付されます。この通知書の支給申請月の欄に偶数月型または奇数月型のどちらかが表示されています。

> **参考** 支給申請月の奇数月（奇数型）と偶数月（偶数型）について
>
> 支給申請は、原則として2か月ごとに行うこととなります。ハローワークから指定された月型は、その事業所の支給申請月の型となります。特段の事情がない限り、この月型は変更できません。
>
> 奇数型：1月、3月、5月、7月、9月、11月
> 偶数型：2月、4月、6月、8月、10月、12月
>
> 例示
> 偶数型　4月に申請の場合：2月、3月に支払われた賃金が75％未満だったとき
>
>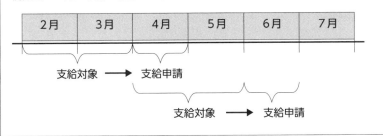

3　2回目以降の支給申請について

　支給対象月の賃金が、「受給資格確認通知書」または「高年齢雇用継続給付支給決定通知書」に印字されている賃金月額の75％未満に低下した月がある場合には、支給申請の手続きを行うことができます。

提出書類：高年齢雇用継続給付支給申請書
提出先：会社管轄の公共職業安定所（ハローワーク）
提出期限：指定された支給申請月
添付資料：支給申請書の内容がわかる書類の写し（賃金台帳、出勤簿（タイムカード）、労働者名簿、雇用契約書など）

　支給申請後、支給決定の可否および支給額が通知された「高年齢雇用継続給付支給決定通知書（被保険者通知用）」と次回の支給申請に使用する「高年齢雇用継続給付申請書」が交付されます。交付された支給決定通知書は社員へ渡してください。

賃金登録について

　60歳到達時の賃金登録は、2004年1月の法改正により義務ではなくなりました。しかし、60歳以降の賃金が低下する見込みがない場合にも、受給資格確認手続きをおこない、賃金登録をしておくことをお勧めします。

　賃金登録をしていない場合、60歳到達後に支給要件に該当するときや退職後新たな就職先で支給要件に該当するときに、60歳到達時点に遡って賃金登録することになり、事務手続きが煩雑になります。また、受給資格確認手続きの際、事前に75％の賃金月額を把握できるため、75％に賃金が低下した際の支給申請漏れを防ぐことができます。

7……社会保険加入対象かどうかの判断

　本稿では60歳以上の社員の継続雇用に際し、社会保険加入対象かどうかを判断するための社会保険加入基準について紹介したいと思います。

1 健康保険及び厚生年金保険

健康保険及び厚生年金保険の加入基準は以下の通りです。

(1) 1週の所定労働時間及び1月の所定労働日数が常時雇用者の4分の3以上勤務する場合

　当該基準は2016年10月1日付で下記の表の通り変更になりました。
従来あった「1日の所定労働時間」の参考や「おおむね」という基準は削除されました。

　但し、経過措置として従来の基準において社会保険に加入していた方は、2016年10月1日以降も引き続き社会保険加入となります。

(2) 特定適用事業所に短時間労働者として勤務する場合

　特定適用事業所とは、同一事業主（法人番号が同一）の適用事業所の被保険者数（短時間労働者を除き、共済組合員を含む）の合計が、1年で6ヶ月以上、500人を超えることが見込まれる事業所が該当します。

　また、短時間労働者とは、勤務時間・勤務日数が、常時雇用者の4分の3未満で、「短時間労働者の要件」①〜⑤のすべてに該当する方をいいます。

【短時間労働者の要件】

① 週の所定労働時間が20時間以上あること
② 雇用期間が1年以上見込まれること
③ 賃金の月額が8.8万円以上であること
④ 学生でないこと
⑤ 常時501人以上の企業（特定適用事業所）に勤めていること

(3) 厚生年金の被保険者数が常時500人以下の企業のうち、次のアまたはイに該当する事業所に短時間労働者として勤務する場合

　ア．労使合意（働いている方々の2分の1以上と事業主が社会保険に加入することについて合意すること）に基づき申出をする法人・個人の事業所

　イ．地方公共団体に属する事業所

※短時間労働者とは

　勤務時間・勤務日数が、常時雇用者の4分の3未満で、以下の①〜④すべての要件に該当する方

① 週の所定労働時間が20時間以上であること
② 雇用期間が1年以上見込まれること
③ 賃金の月額が8.8万円以上であること
④ 学生でないこと

② 健康保険及び厚生年金保険に加入しない場合

　以上の（1）〜（3）の健康保険及び厚生年金保険加入基準を満たさない働き方の場合には、健康保険及び厚生年金保険に加入しないこととなります。では健康保険及び厚生年金保険に加入しない60歳以上の社員の健康保険や公的年金はどのような取り扱いになるのでしょうか。

083

(1) 健康保険

会社で健康保険に加入しない場合には、いずれかの選択肢となります。
① 市区町村が実施する国民健康保険に加入する
② 被扶養者として家族の健康保険に加入する（条件を満たした場合）
③ 在職中の健康保険を任意継続する（条件を満たした場合（最大2年間））

いずれの選択をされたとしても、75歳までの加入となり、75歳に到達すると健康保険組合、協会けんぽや国民健康保険を脱退し、後期高齢者として市区町村が実施する後期高齢者医療制度に加入します。

(2) 国民年金

会社で厚生年金保険に加入しない場合には、国民年金へ加入する必要があります。住民票住所地の市区町村役場にて国民年金1号者被保険者として加入手続きを行い、月々の国民年金保険料を納付します。但し、国民年金への強制加入は原則60歳迄ですので、60歳以降であれば加入は義務付けられておりません。

60歳未満の被扶養配偶者がいる場合には、社員自身の厚生年金喪失と共に、被扶養配偶者の国民年金3号も喪失するために、配偶者は国民年金へ加入する必要があります。この場合国民年金第1号被保険者となります。それまでは国民年金3号被保険者として国民年金保険料負担が免除されていたところが、国民年金保険料を納付しなければなりません。

3 雇用保険及び労災保険

雇用保険の加入基準は以下の通りです。

(1) 31日以上引き続き雇用されることが見込まれる者であること

具体的には、次のいずれかに該当する場合をいいます。
- 期間の定めがなく雇用される場合、雇用期間が31日以上である場合
- 雇用契約に更新規定があり、31日未満での雇止めの明示がない場合
- 雇用契約に更新規定はないが同様の雇用契約により雇用された他の労働者が31日以上雇用された実績がある場合 (※)

※当初の雇入時には31日以上雇用されることが見込まれない場合であってもその後、31日以上雇用されることが見込まれることとなった場合には、その時点から雇用保険が適用されます。

(2) 1週間の所定労働時間が20時間以上であること

上記（1）及び（2）のいずれも満たす場合には雇用保険へ加入します。

4 雇用保険に加入しない場合

雇用保険へ加入しない場合には、定年再雇用後の雇用保険資格喪失に伴い失業手当を受給できるか否かですが、失業手当の受給のためには「労働の意志及び能力があるにもかかわらず職業に就くことができない状態にあること」が求められます。再雇用され継続勤務している社員は失業手当を受給することはできません。

また「高年齢継続給付金（60歳から65歳対象）」は、雇用保険加入者に対しての給付となるため、雇用保険未加入である社員は対象外となります。

雇用保険加入期間は失業手当を受給する際に、その年数に応じて失業手当額が変更となる事があります。ただし、65歳以降に離職し失業手当（高年齢求職者給付金）を受ける際には、雇用保険加入期間は1年以上か1年未満かで判定されますので、既に1年以上ある方については雇用保険加入が継続し、雇用保険加入期間が延長されたとしても給付日数には影響しません。

失業手当額の算出元となる賃金は、原則、被保険者期間として計算された離職前の6ヶ月間に支払われた賃金を基礎として計算されますので、再雇用時に賃金が低下した場合、その低下した賃金をもとに計算される点に注意が必要です。

【高年齢求職者給付金】

雇用保険被保険者であった期間に応じて次の表に定める日数分の失業手当相当額

被保険者であった期間	高年齢求職者給付金の額
1年以上	50日分
1年未満	30日分

65歳未満に離職し失業手当（基本手当）を受ける際には、離職時の雇用保険被保険者であった期間、年齢、離職理由によって判定されます。

労災保険は年齢、勤務形態を問わず、会社から労働の対償として賃金を受ける方は加入するため、定年後継続して再雇用される社員も労災保険に加入することになります。

出向者は出向先の労災保険へ加入することになります。そのため、定年退職後に海外の関連会社等へ出向する方は海外派遣の特別加入制度へ加入しないと日本の労災保険適用外となる点に注意が必要です。

Topic 2

60歳以上の社員を新たに雇用する場合

本稿においては、自社の定年退職者社員を再雇用した場合ではなく、外部から新たに60歳以上の社員を雇用した場合の留意点・手続きについて説明します。

1……雇用契約の締結

60歳以上の社員に限ったことではありませんが、まずは新たに労働者を雇用するに当たり、雇用する側（使用者）と雇用される側（労働者）の間で契約を締結します。特に60歳以上の社員に関しては以下の点に留意が必要です。

■ 雇用形態

正社員雇用（期間の定めなし）とするのか、契約社員（有期、短時間社員）とするのかを明示しましょう。

また、就業規則上に正社員以外の契約社員等に関する定めがない場合は、会社としてのリスクヘッジの観点から、就業規則の適用範囲を明示することまたは雇用形態別の規程（契約社員就業規則等）の作成をすることが望ましいです。

個別に雇用契約書を交わしたとしても、就業規則に定めている条件より下回る条件が契約書に記載されていた場合は、就業規則上に記載のある条件が適用されてしまうため、雇用形態ごとの適用範囲を明確化しておくことは重要です（労働契約法12条）。

■ 昇給・賞与・退職金・休職制度に関する事項

昇給の有無と昇給月、賞与の有無と支給月、退職金支給の有無と休職制度の有無について雇用契約締結の際に労使間の認識を共有しましょう。

3 退職に関する事項

　退職に関する事項は労使間で問題となることが特に多いため、雇用契約締結の際に労使間の認識を確実に共有することが重要です。定年制の有無や定年年齢、自己都合退職手続きの届出に関する事項、解雇事由に関する事項を明示しましょう。

4 社会保険・雇用保険の加入状況

　■の雇用形態を定め、自ずと社会保険・雇用保険の加入に関する条件が明確になります。雇用契約締結の際に、労働条件通知書などで社会保険加入・雇用保険加入に関する事項を労使間で明確にしましょう。

2……発生する手続きと留意点

1 社会保険加入が必要な場合

提出書類：健康保険・厚生年金保険被保険者資格取得届
提出先：事務センター（もしくは会社管轄の年金事務所）・健康保険組合（健保組合
　　　　管轄の場合）
提出期限：入社日から5日以内

　雛形のように記載し、資格取得手続きを行ってください。
　年齢が70歳以上の場合、資格取得時に70歳以上被用者該当届も同時に行う必要があります。雛形コメントをご覧ください。
　なお、年齢が75歳を超える方は後期高齢者医療制度加入者になりますので資格取得手続きは必要ありませんが、70歳以上被用者該当届を提出する必要がありますのでご留意ください。

様式コード	
2 2 0 0	

健康保険
厚生年金保険　**被保険者資格取得届**
厚生年金保険　70歳以上被用者該当届

令和 1 年 6 月 1 日提出

提出者記入欄

事業所整理記号	00-000	事業所番号 00000

届書記入の個人番号に誤りがないことを確認しました。

事業所所在地　〒163-0631
新宿区西新宿1-25-1　新宿センタービル31階

事業所名称　CSアカウンティング株式会社

事業主氏名　代表取締役 CS 一郎　㊞

電話番号　03（5908）3421

受付印

本人確認を行った上で個人番号（マイナンバー）を記載してください。

第3章 60歳以上の社員を雇用する際の手続き

被保険者1

①被保険者整理番号	20	②氏名	（フリガナ）シーエス タロウ （氏）CS （名）太郎	③生年月日	5.昭和 7.平成 9.令和 26 09 10	④種別	1.男 5.男(基金) 2.女 6.女(基金) 3.坑内員 7.坑内員(基金)
⑤取得区分	①健保・厚年 3.共済出向 4.船保任継	⑥個人番号[基礎年金番号]	1 2 3 4 5 6 7 8 9 1 2 3	⑦取得(該当)年月日	9.令和 01 10 01	⑧被扶養者	⓪無 1.有
⑨報酬月額	⑦(通貨) 250,000 円 ⑦(現物) 0 円		⑦(合計 ⑦+⑦) 250000 円	⑩備考	該当する項目を○で囲んでください。 1. 70歳以上被用者該当 2. 二以上事業所勤務者の取得 3. 短時間労働者の取得（特定適用事業所等） 4. 退職後の継続再雇用者の取得 5. その他		
⑪住所	日本年金機構に提出する際、個人番号を記入した場合は、住所記入は不要です。〒　－ （フリガナ）					理由:	1. 海外在住 2. 短期在留 3. その他

個人番号を記入した場合は住所記入は不要です。

新たに雇うシニア社員が70歳を超える場合は1に○で囲んで申請してください。

被保険者2

①被保険者整理番号		②氏名	（フリガナ）（氏）（名）	③生年月日	5.昭和 7.平成 9.令和	種別	1.男 5.男(基金) 2.女 6.女(基金) 3.坑内員 7.坑内員(基金)
⑤取得区分	①健保・厚年 3.共済出向 4.船保任継	⑥個人番号[基礎年金番号]		⑦取得(該当)年月日	9.令和	⑧被扶養者	0.無 1.有
⑨報酬月額	⑦(通貨) 円 ⑦(現物) 円		⑦(合計 ⑦+⑦) 円	⑩備考	該当する項目を○で囲んでください。 1. 70歳以上被用者該当 2. 二以上事業所勤務者の取得 3. 短時間労働者の取得（特定適用事業所等） 4. 退職後の継続再雇用者の取得 5. その他		
⑪住所	日本年金機構に提出する際、個人番号を記入した場合は、住所記入は不要です。〒　－ （フリガナ）					理由:	1. 海外在住 2. 短期在留 3. その他

被保険者3

①被保険者整理番号		②氏名	（フリガナ）（氏）（名）	③生年月日	5.昭和 7.平成 9.令和	種別	1.男 5.男(基金) 2.女 6.女(基金) 3.坑内員 7.坑内員(基金)
⑤取得区分	①健保・厚年 3.共済出向 4.船保任継	⑥個人番号[基礎年金番号]		⑦取得(該当)年月日	9.令和	⑧被扶養者	0.無 1.有
⑨報酬月額	⑦(通貨) 円 ⑦(現物) 円		⑦(合計 ⑦+⑦) 円	⑩備考	該当する項目を○で囲んでください。 1. 70歳以上被用者該当 2. 二以上事業所勤務者の取得 3. 短時間労働者の取得（特定適用事業所等） 4. 退職後の継続再雇用者の取得 5. その他		
⑪住所	日本年金機構に提出する際、個人番号を記入した場合は、住所記入は不要です。〒　－ （フリガナ）					理由:	1. 海外在住 2. 短期在留 3. その他

被保険者4

①被保険者整理番号		②氏名	（フリガナ）（氏）（名）	③生年月日	5.昭和 7.平成 9.令和	種別	1.男 5.男(基金) 2.女 6.女(基金) 3.坑内員 7.坑内員(基金)
⑤取得区分	①健保・厚年 3.共済出向 4.船保任継	⑥個人番号[基礎年金番号]		⑦取得(該当)年月日	9.令和	⑧被扶養者	0.無 1.有
⑨報酬月額	⑦(通貨) 円 ⑦(現物) 円		⑦(合計 ⑦+⑦) 円	⑩備考	該当する項目を○で囲んでください。 1. 70歳以上被用者該当 2. 二以上事業所勤務者の取得 3. 短時間労働者の取得（特定適用事業所等） 4. 退職後の継続再雇用者の取得 5. その他		
⑪住所	日本年金機構に提出する際、個人番号を記入した場合は、住所記入は不要です。〒　－ （フリガナ）					理由:	1. 海外在住 2. 短期在留 3. その他

協会けんぽ加入の事業所様へ
※ 70歳以上被用者該当届のみ提出の場合は、「⑩備考」欄の「1. 70歳以上被用者該当」および「5. その他」に○をし、「5. その他」の〔　〕内に「該当届のみ」とご記入ください（この場合、健康保険被保険者証の発行はありません）。

089

2 雇用保険加入が必要な場合

提出書類：雇用保険被保険者資格取得届
提出先：会社管轄の公共職業安定所（ハローワーク）
提出期限：入社日の属する月の翌月10日まで

下記雛形のように記載し、資格取得手続きを行ってください。

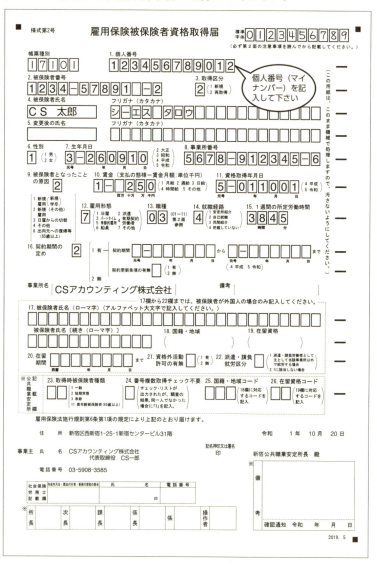

(1) 年齢が65歳未満の方の場合の留意点

　高年齢雇用継続給付金受給対象者であるかどうかの確認が必要です。高年齢雇用継続基本給付金の受給をするためには、第1章の22ページ以降に示した要件を満たし、かつ新たに雇用した労働者が前職退職後に失業給付を受給していないことが必要になります。高年齢雇用継続給付金支給対象者であった場合には高年齢雇用継続基本給付金に関する申請手続きを忘れずに行ってください。

　ちなみに新たに雇用した労働者が前職退職後に失業給付を受給していた場合は「高年齢再就職給付金」受給対象者である可能性があります。

　高年齢再就職給付金も原則会社経由で申請となりますので申請が必要な場合は忘れずに申請するように留意が必要です（社員本人が自身で申請を希望した場合は本人で申請することが可能です）。

(2) 年齢が65歳以上の場合の留意点

　平成29年1月1日以前は65歳以上の新たな労働者を雇用保険に加入することができませんでしたが、平成29年1月1日施行の法改正で65歳以上の方も高年齢被保険者として雇用保険の加入が可能となりました。よって、社会保険と異なり年齢に関係なく雇用保険に加入させることが可能です。しかし、雇用保険料の徴収に関する扱いについては、65歳以上の方は平成31年度までは免除となり、給与からの雇用保険料の天引きは必要ありません。また、雇用保険料率は、毎年4月に変更になる可能性がありますので、毎年厚生労働省ホームページ等を確認する必要があります。

Topic

3

60歳以上の社員の雇用と助成金

　本稿では60歳以上の社員を雇用するにあたって活用できる主な助成金をご紹介します。

1……65歳超雇用推進助成金

　当助成金は、65歳以上への定年引上げや高年齢者の雇用管理制度の整備等、高年齢の有期契約労働者の無期雇用への転換を行う事業主に対して助成するものです。次の3コースで構成されています。

◼ 受給要件

（イ）　65歳超継続雇用促進コース

　65歳以上へ定年引上げ、定年廃止、希望者全員を66歳以上まで雇用する継続雇用制度の導入

（ロ）　高年齢者評価制度等雇用管理改善コース

　高年齢者雇用管理整備計画の認定、高年齢者雇用管理整備の措置を実施

（ハ）　高年齢者無期雇用転換コース

　無期雇用転換計画の認定を受けた上で、高年齢の有期契約労働者を無期雇用労働者に転換することにより、50歳以上かつ定年年齢未満の有期契約労働者の無期雇用労働者への転換を実施

092

2 支給額

（イ） 65歳超継続雇用促進コース

【A. 65歳以上への定年引上げ】【B. 定年の定めの廃止】　　　　（ ）は引上げ幅

措置内容　60歳以上被保険者数	A				B
	65歳まで引上げ		66歳以上に引上げ		定年の定めの廃止
	（5歳未満）	（5歳）	（5歳未満）	（5歳以上）	
1〜2人	10万円	15万円	15万円	20万円	20万円
3〜9人	25万円	100万円	30万円	120万円	120万円
10人以上	30万円	150万円	35万円	160万円	160万円

【C. 希望者全員を対象とする66歳以上の継続雇用制度の導入】

（ ）は引上げ幅

措置内容　60歳以上被保険者数	C			
	66〜69歳まで		70歳以上	
	（4歳未満）	（4歳）	（5歳未満）	（5歳以上）
1〜2人	5万円	10万円	10万円	15万円
3〜9人	15万円	60万円	20万円	80万円
10人以上	20万円	80万円	25万円	100万円

（注）定年引上げと、継続雇用制度の導入を合わせて実施した場合の支給額はいずれか高い額のみとなります。

（ロ）　高年齢者評価制度等雇用管理改善コース

雇用管理制度の整備等の実施に要した経費[1]の額に、次の助成率を乗じた額

	中小企業事業主の助成率	中小企業事業主以外の助成率
生産性要件（※2）を満たした場合	75%	60%
生産性要件を満たさなかった場合	60%	45%

※1　雇用管理制度の整備等の実施に要した経費は、雇用管理制度の導入又は見直しに必要な専門家等に対する委託費、コンサルタントとの相談に要した経費です。
　　　初回に限り30万円とみなします。2回目以降の申請は、30万円を上限とする経費の実費を対象経費とします。
※2　生産性要件の詳細については、厚生労働省ホームページをご確認ください。

（ハ）高年齢者無期雇用転換コース

対象労働者1人につき（※1）、下表の金額を支給します。

	中小企業事業主の助成額	中小企業事業主以外の助成額
生産性要件（※2）を満たした場合	60万円	48万円
生産性要件を満たさなかった場合	48万円	38万円

※1　支給申請年度における対象労働者の合計人数は、転換日を基準として1適用事業所当たり10人までとします。
※2　生産性要件の詳細については、厚生労働省ホームページをご確認ください。

2……特定求職者雇用開発助成金（特定就職困難者コース）

当助成金は、高年齢者（60歳以上65歳未満）や障害者等の就職困難者をハローワーク等の紹介により、継続して雇用する労働者（雇用保険の一般被保険者）として雇い入れる事業主に対して助成されます。

1 受給要件

次の要件のいずれも満たすことが必要です。
①　ハローワークまたは民間の職業紹介事業者等の紹介により雇い入れること
②　雇用保険一般被保険者として雇い入れ、継続して雇用することが確実であると認められること

このほかにも、雇用関係助成金共通の要件などいくつかの支給要件がありますので、詳しくは厚生労働省ホームページをご確認ください。

2 支給額

対象労働者の類型と企業規模に応じて1人あたり下表の支給額のとおりです。

対象労働者		支給額	助成対象期間	支給対象期ごとの支給額
短時間労働者以外の者	高年齢者（60歳以上65歳未満）等	60万円 （50万円）	1年 （1年）	30万円×2期 （25万円×2期）
短時間労働者	高年齢者（60歳以上65歳未満）等	40万円 （30万円）	1年 （1年）	20万円×2期 （15万円×2期）

※1 （ ）内は中小企業事業主以外に対する支給額および助成対象期間です。
※2 「短時間労働者」とは、1週間の所定労働時間が、20時間以上30時間未満である者をいいます。

3……特定求職者雇用開発助成金（生涯現役コース）

本助成金は、雇入れ日の満年齢が65歳以上の離職者をハローワーク等の紹介により、1年以上継続して雇用することが確実な労働者（雇用保険の高年齢被保険者）として雇い入れる事業主に対して助成されます。

1 受給要件

次の要件のいずれも満たすことが必要です。
① ハローワークまたは民間の職業紹介事業者等の紹介により雇い入れること。
② 雇用保険の高年齢被保険者として雇い入れ、1年以上雇用することが確実であると認められること。

このほかにも、雇用関係助成金共通の要件などいくつかの支給要件がありますので、詳しくは厚生労働省ホームページをご確認ください。

2 支給額

対象労働者の類型と企業規模に応じて1人あたり下表の支給額のとおりです。

支給対象者	支給額	助成対象期間	支給対象期ごとの支給額
短時間労働者以外の者	70万円 (60万円)	1年 (1年)	35万円×2期 (30万円×2期)
短時間労働者	50万円 (40万円)	1年 (1年)	25万円×2期 (20万円×2期)

注；（　）内は中小企業事業主以外に対する支給額および助成対象期間です。

本稿でご紹介した助成金は雇用関係助成金の一部です。その他にも様々な助成金がありますので、興味がありましたら厚生労働省のHPをご確認下さい。また助成金は受給要件や支給額が年度途中でも変更になる事がありますので、申請される際には必ず最新情報並びに最新帳票をご確認下さい。

【第**4**章】

60歳以上の社員が
在職中の手続き

Topic

1

60歳以上の社員在職中の月次業務と手続き

1……給与計算

本項では60歳以上の社員の社会保険の加入・喪失による給与計算の注意点を取り上げていきたいと思います。なお、以下の説明は、社会保険料は翌月に徴収するものとして記載しています。社会保険料を当月に徴収している場合は取扱いが異なりますのでご注意下さい。

社会保険取得から喪失の流れ

入社	40歳	60歳	64歳	65歳	70歳	75歳	退職
社会保険加入（雇用保険は当月、社会保険は翌月から徴収開始）	介護保険料徴収開始	定年再雇用後の労働条件によっては社会保険喪失	雇用保険料の免除開始 ※平成31年度までの時限措置	介護保険料の徴収停止	厚生年金保険料の徴収停止	健康保険料の徴収停止	社会保険資格喪失 ※75歳以上で退職の場合は既に喪失済

1 社員が40歳になったとき

社員が40歳に達したときから介護保険の第2号被保険者となるため、40歳に達した日が含まれる月から介護保険料の徴収が必要となります。達する日とは具体的には誕生日の前日を指します。4月1日生まれの場合は誕生日の前日3月31日が含まれ

る月である3月から徴収が開始されます。この場合、給与から介護保険料を控除するのは4月からになりますが、3月に賞与を支給する場合には賞与からも介護保険料を徴収する必要があります。

　また、介護保険には特定被保険者という制度があります。本制度が適用されるかどうかは健康保険組合ごとに定められています。制度が適用される場合、社員本人が介護保険の対象年齢でなくても被扶養者が介護保険の対象年齢である場合は介護保険料を徴収する必要があります。20代や30代の社員であっても、40歳以上65歳未満の両親、年上の兄弟や年上の配偶者を被扶養者としていて介護保険料を徴収しなければならないケースもあります。

2 社員を60歳の定年後に再雇用したとき

(1) ケース① 労働条件が変わらず再雇用する場合

　社会保険料に変更はありませんので、例月通りに給与計算を行います。

(2) ケース② 再雇用後の労働条件が社会保険の加入要件を満たさないとき

　定年再雇用後の1週間の所定労働時間が20時間未満であるときは雇用保険を喪失し、1週の所定労働時間および1月の所定労働日数が常用労働雇用者の4分の3以上であるときは（特定適用事業所の場合は例外あり）社会保険の資格を喪失します。資格を喪失する場合の社会保険料の徴収につき、具体例をあげて説明していきます。

　当月1日〜末日の給与を当月に支払っている会社において社員が月の途中で定年退職（※）した場合、通常の給与計算と同様に前月1ヶ月分の社会保険料を控除します。

　一方、社員が月末に定年退職した場合には、社会保険の資格は退職日翌日に喪失するため、退職月まで社会保険料がかかります。所定労働時間の減少等により、翌月給与から社会保険料を控除できない場合には、退職月の給与から前月及び当月の2ヶ月分控除します。当月が社会保険料率の変更月や定時決定・随時改定の改定月である場合、単純に前月社会保険料の2倍ではありませんのでご注意下さい。

　※　定年による退職日の設定は企業ごとの就業規則によります。

(3) ケース③ 再雇用後の労働条件が社会保険の加入要件は満たしているが、賃金が変わったとき

　定年等退職後に継続して再雇用する者については、退職後引き続き再雇用したときに使用関係が一旦中断したものとみなし、事業主は被保険者資格喪失届及び被保険者

099

資格取得届を提出することができます。この同日得喪手続きを行った場合、給与計算で控除する社会保険料も変わります。具体的には3月31日に定年退職し4月1日に再雇用した場合には、5月給与から再雇用後の標準報酬月額に基づく社会保険料を徴収します。3月30日に定年退職し3月31日に再雇用した場合には4月給与から社会保険料が変わります。

(4) ケース④ グループ会社で定年再雇用をしたとき

社員が定年退職し、グループ会社で再雇用をした場合には、社会保険の資格を喪失します。注意点はケース②と同様です。

３ 社員が64歳に達した日以降の４月１日

平成29年1月1日に雇用保険の適用が拡大され、新たに雇用された65歳以上の社員も雇用保険の適用対象となり各種給付金の対象となりました。ただし、平成31年度までは雇用保険料の徴収は被保険者負担分・事業主負担分ともに免除されています。具体的には、4月1日の時点で64歳に達している場合、1日～末日の給与を当月に支払っているケースでは4月給与から、1日～末日の給与を翌月に支払っている場合は5月から雇用保険料が免除となります。ただし、保険料の免除は平成31年度までの時限措置ですので、雇用保険の加入要件を満たしているものの、現在免除の対象となっている社員がいる場合には、令和2年度からは雇用保険料を徴収する必要があります。

４ 社員が65歳に達したとき

社員が65歳に達したとき（65歳の誕生日の前日が含まれる月）から、介護保険の第1号被保険者となり、介護保険料は給与天引きではなく年金からの天引きもしくは口座振替等により納付することになります。ただし、特定被保険者制度を導入している健康保険組合に加入されている場合、被扶養者が介護保険の対象年齢（40歳～65歳未満）である場合は介護保険料を徴収し続ける必要があります。年下の配偶者等を被扶養者としている場合、被扶養者が65歳に達するまで介護保険料の徴収を継続しなければなりませんのでご注意下さい。

5 社員が70歳に達したとき

　社員が70歳に達したときに厚生年金の被保険者資格を喪失するため、70歳の誕生日の前日が含まれる月から厚生年金保険料の徴収が不要となります。4月1日が70歳の誕生日の社員の場合は4月給与及び3月賞与から、4月2日が70歳の誕生日の社員の場合は5月給与及び4月賞与から厚生年金保険料の徴収が不要となります。なお、厚生労働省は一定以上の収入がある場合には70歳以上も厚生年金に加入して保険料の納付を義務付ける検討を開始しており、今後取り扱いが変わる可能性があります。

6 社員が75歳に達したとき

　社員が75歳に達したときに健康保険から後期高齢者医療制度へ移行し、社員本人が納付、75歳の誕生日の前日が含まれる月から健康保険料の徴収が不要となります。具体例につきましては上記5の70歳に達したときと同様です。

7 社員が退職したとき

　社員が健康保険料・介護保険料・厚生年金保険料の資格喪失年齢に達する前に退職した場合には、上記2（2）ケース②と同様に社会保険料の徴収額を計算します。退職後に保険料の徴収誤りが発覚し、保険料の返還を求めることは手間がかかりますので十分注意して計算する必要があります。

2……高年齢雇用継続給付手続き

　60歳以上65歳未満の社員の賃金が、60歳時点での賃金と比較して、75％未満に低下した場合に、ハローワークへ申請することにより、賃金の最大15％が給付金として支給されます。本項では、月次の手続きについて説明します。

　支給対象月の賃金が、賃金月額の75％未満に低下した場合には、支給申請の手続きをおこなうことができますので、2か月に一度、賃金額を確認してください。

　※　賃金月額の75％未満の金額は「受給資格確認通知書」または「高年齢雇用継続給付支給決定通知書」に印字されています。

101

提出書類：高年齢雇用継続給付支給申請書

提出先：会社管轄の公共職業安定所（ハローワーク）

提出期限：指定された支給申請月

添付書類：支給申請書の内容がわかる書類の写し（賃金台帳、出勤簿（タイムカード）、
　　　　　労働者名簿、雇用契約書など）

　支給申請後、支給決定の可否および支給額が通知された「高年齢雇用継続給付支給
決定通知書（被保険者通知用）」と次回の支給申請に使用する「高年齢雇用継続給付
申請書」が交付されます。交付された支給決定通知書は社員へ渡してください。

Topic 2

60歳以上の社員在職中の
年次業務と手続き

1……労働保険の年度更新

　本項では、60歳以上の社員がいる場合の労働保険年度更新について留意点をご説明します。

　労働保険料（労災保険料及び雇用保険料の総称）の算出においては、原則、その事業で使用されるすべての労働者（雇用保険については雇用保険被保険者）へ労働の対償として支払うすべての賃金に、その事業に応じて定められた保険料率を乗じて算出し、一般拠出金の額については、賃金総額に一般拠出金率を乗じて算出を行います。

　すべての労働者とは、正社員、パート、アルバイト等、名称のいかんを問わず、労働者であれば全て含まれ、当然、60歳以上の社員へ支払った賃金も計算の基礎に含まれます。

　雇用保険被保険者とは、一週の所定労働時間が20時間以上であり、31日以上の雇用見込みがある労働者です。

　ただし、60歳以上の社員であるという面から注意が必要なのが、免除対象高年齢者の取扱です。保険年度の初日（４月１日）において満64歳以上の雇用保険被保険者は、短期雇用特例被保険者及び日雇労働被保険者を除き、雇用保険の保険料が被保険者負担分および事業主負担分ともに免除されます。

　労働保険申告書へは全雇用保険加入者のうち、免除対象高年齢者分の賃金を記載する欄がありますので、当該欄に正確に記入をします。

　法改正により平成29年１月１日以降、65歳以上の労働者についても雇用保険の適用対象となりました。時限措置として平成31年度までは、65歳以上の雇用保険被保険者の雇用保険料が免除されています。令和２年度からは60歳以上の社員の賃金を免除対象として集計することのないように注意が必要です。また給与計算時にも令和２年４月１日以降は、保険年度の初日（４月１日）に満64歳以上の社員の給与から

103

雇用保険料を控除する必要があります。

　当該法改正を受けて申告書の書式等も変更になる可能性がありますので、ご注意下さい。

賃金台帳で雇用保険料を源泉控除していない60歳以上の社員が、雇用保険未加入者であることにより雇用保険料控除が発生していないのか、あるいは免除対象高年齢者であることにより雇用保険料控除が発生してないのかを把握して、適正に給与計算へ反映する必要があります。なお、毎年4月には所轄ハローワークから雇用保険加入者漏れが無いか確認の通知書が各事業所宛へ届きますので、当該通知書に会社印を押印してハローワークへ届出を行えば、現在登録されている雇用保険加入者データを取得出来ますので、これを契機に雇用保険加入者漏れが無いかどうか確認することをお勧めします。過去には、雇用保険加入履歴を参照し、消えた年金記録を復活させることができた事例もありますので、適正な雇用保険加入記録を残す事が重要と考えます。

2……70歳以上被用者の報酬月額の算定と賞与

　本項では70歳以上の社員が在職している場合の算定時や賞与時の取り扱いについてご説明します。

1 算定

　年次の手続きとして報酬月額の定時決定の届出（以下算定届）があります。70歳以上の社員は厚生年金の被保険者資格を喪失しているのですが、9〜20ページでご説明した通り在職老齢年金の適用がありますので、算定届を日本年金機構へ届出する必要があります。

- 75歳以上で健康保険を喪失後も当該届出は必要です。
- 厚生年金保険料を控除していない70歳以上の社員については、算定届出対象から除外してしまうことのないよう、注意する必要があります。
- 70歳以上の社員の内、短時間労働者など社会保険加入条件を満たさない勤務形態の社員に関して当該届出は不要です。

104

提出書類：健康保険厚生年金保険被保険者報酬月額算定基礎届／70歳以上被用者算
　　　　　定基礎届
　　　　　健康保険厚生年金保険被保険者報酬月額算定基礎届総括表
　　　　　（総括表を添えて届出が必要です）
提出先：事務センター（もしくは会社管轄の年金事務所）・健康保険組合（健保組合
　　　　管轄の場合）
提出期限：毎年7月10日まで（年によって前後する場合があります）

第4章　60歳以上の社員が在職中の手続き

70歳以上被用者算定基礎届の記入例：

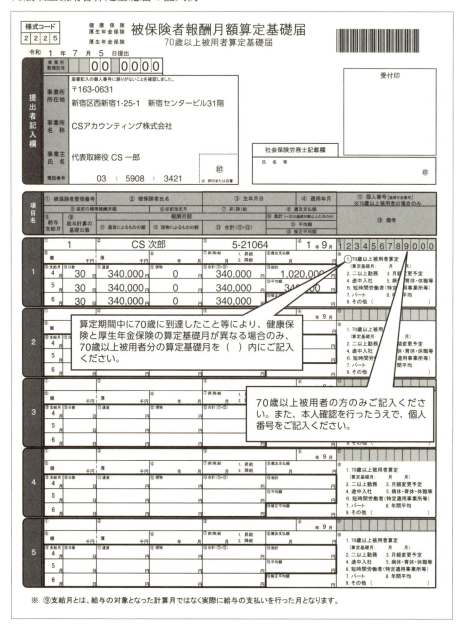

2 賞与

　賞与を支給した場合には、賞与支払届の提出が必要です。70歳以上の社員は厚生年金の被保険者資格を喪失しているのですが、在職老齢年金の適用がありますので、賞与届を日本年金機構へ届出する必要があります。

- 75歳以上で健康保険を喪失後も当該届出は必要です。
- 厚生年金保険料を控除していない70歳以上の社員については、賞与届出対象から除外してしまう事の無いよう、注意する必要があります。
- 70歳以上の社員の内、短時間労働者など社会保険加入条件を満たさない勤務形態の社員に関して当該届出は不要です。

提出書類：健康保険厚生年金保険　被保険者賞与支払届／70歳以上被用者賞与支払届
　　　　　健康保険厚生年金保険　被保険者賞与支払届総括表
　　　　　（総括表を添えて届出が必要です）
提出先：事務センター（もしくは会社管轄の年金事務所）・健康保険組合（健保組合管轄の場合）
提出期限：賞与支払日から5日以内

70歳以上被用者賞与支払届の記入例：

| 様式コード 2 2 6 5 | 健康保険 厚生年金保険 厚生年金保険 | 被保険者賞与支払届 70歳以上被用者賞与支払届 |

令和 1 年 9 月 5 日

提出者記入欄

事業所 整理記号 00 － 0000

届書記入の個人番号に誤りがないことを確認しました。

事業所 所在地 〒 163 － 0631 新宿区西新宿1-25-1 新宿センタービル31階

事業所 名称 CSアカウンティング株式会社

事業主 氏名 代表取締役 CS 一郎 ㊞ ※ 押印または自署

電話番号 03 （ 5908 ） 3421

受付印

社会保険労務士記載欄

氏 名 等 ㊞

| 項目名 | ① 被保険者整理番号 | ② 被保険者氏名 | ③ 生年月日 | ⑦ 個人番号 [基礎年金番号] ※70歳以上被用者の場合のみ |
| | ④ 賞与支払年月日 | ⑤ 賞与支払額 | ⑥ 賞与額（千円未満は切捨て） | ⑧ 備考 |

共通 ④ 賞与支払年月日（共通） 9.令和 ０ １ ０ ９ ０ １ ←1枚ずつ必ず記入してください。

	① 1	② CS 太郎	③ 5-210624	⑦ 1 2 3 4 5 6 7 8 9 1 2 3
1	④※上記「賞与支払年月日（共通）」と同じ場合は、記入不要です。 9.令和 　年 　月 　日	⑤ ⑦（通貨） 104,000 円 ⑦（現物） 円	⑥（合計⑦+⑦）千円未満は切捨て 104,000 円	⑧ 1. 70歳以上被用者 2. 二以上勤務 3. 同一月内の賞与合算 （初回支払日： 日）
2	④※上記「賞与支払年月日（共通）」と同じ場合は、記入不要です。 9.令和 　年 　月 　日	⑤ ⑦（通貨） 円 ⑦（現物） 円	⑥（合計⑦+⑦）千円未満は切捨て ,000 円	⑧ 1. 70歳以上被用者 2. 二以上勤務 3. 同一月内の賞与合算 （初回支払日： 日）
3	④※上記「賞与支払年月日（共通）」と同じ場合は、記入不要です。 9.令和 　年 　月 　日	⑤ ⑦（通貨） 円 ⑦（現物） 円	⑥（合計⑦+⑦）千円未満は切捨て ,000 円	⑧ 1. 70歳以上被用者 2. 二以上勤務 3. 同一月内の賞与合算 （初回支払日： 日）
4	④※上記「賞与支払年月日（共通）」と同じ場合は、記入不要です。 9.令和 　年 　月 　日	⑤ ⑦（通貨） 円 ⑦（現物） 円	⑥（合計⑦+⑦）千円未満は切捨て ,000 円	⑧ 70歳以上被用者 2. 二以上勤務 与合算 （初回支払日： 日）
5	④※上記「賞与支払年月日（共通）」と同じ場合は、記入不要です。 9.令和 　年 　月 　日	⑤ ⑦（通貨） 円 ⑦（現物） 円		⑧ 者 2. 二以上勤務
6	④※上記「賞与支払年月日（共通）」と同じ場合は、記入不要です。 9.令和 　年 　月 　日	⑤ ⑦（通貨） 円 ⑦（現物） 円	⑥（合計⑦+⑦）千円未満は切捨て ,000 円	⑧ 者 2. 二以上勤務 3. 同一月内の賞与合算 （初回支払日： 日）
7	④※上記「賞与支払年月日（共通）」と同じ場合は、記入不要です。 9.令和 　年 　月 　日	⑤ ⑦（通貨） 円 ⑦（現物） 円	⑥（合計⑦+⑦）千円未満は切捨て ,000 円	⑧ 1. 70歳以上被用者 2. 二以上勤務 3. 同一月内の賞与合算 （初回支払日： 日）
8	④※上記「賞与支払年月日（共通）」と同じ場合は、記入不要です。 9.令和 　年 　月 　日	⑤ ⑦（通貨） 円 ⑦（現物） 円	⑥（合計⑦+⑦）千円未満は切捨て ,000 円	⑧ 1. 70歳以上被用者 2. 二以上勤務 3. 同一月内の賞与合算 （初回支払日： 日）
9	④※上記「賞与支払年月日（共通）」と同じ場合は、記入不要です。 9.令和 　年 　月 　日	⑤ ⑦（通貨） 円 ⑦（現物） 円	⑥（合計⑦+⑦）千円未満は切捨て ,000 円	⑧ 1. 70歳以上被用者 2. 二以上勤務 3. 同一月内の賞与合算 （初回支払日： 日）
10	④※上記「賞与支払年月日（共通）」と同じ場合は、記入不要です。 9.令和 　年 　月 　日	⑤ ⑦（通貨） 円 ⑦（現物） 円	⑥（合計⑦+⑦）千円未満は切捨て ,000 円	⑧ 1. 70歳以上被用者 2. 二以上勤務 3. 同一月内の賞与合算 （初回支払日： 日）

70歳以上の被用者の方のみご記入ください。また、本人確認を行ったうえで、個人番号をご記入ください。

108

3……高年齢者雇用状況報告

■1 高齢者雇用状況報告書

　高年法52条1項において、「事業主は、毎年一回、定年及び継続雇用制度の状況その他高齢者の雇用に関する状況を厚生労働大臣に届け出なければならない」と定められています。本規定により、事業主は6月1日時点の状況を高齢者雇用状況報告書に記載し、届け出なければなりません。申告書は5月下旬～6月上旬頃にハローワークから郵送されてきますが、電子申請によることも可能です。なお、本報告書は無期転換ルールの特例を受けるための第二種計画認定・変更申請書の添付書類とすることができます。

提出書類：高齢者雇用状況報告書

※　紙で提出する場合は3枚複写のうち正・副2枚をハローワークに提出し、残り1枚は事業主が保管します。

提出先：本社所在地を管轄するハローワーク

提出期限：7月15日（休日の場合は翌営業日）

様式第2号

公共職業安定所コード番号 ☐☐☐☐☐

（公共職業安定所で記入すること）

高年齢者雇用状況報告書 ㊞

高年齢者等の雇用の安定等に関する法律施行規則第33条第1項の規定により、令和1年6月1日現在の状況を下記のとおり報告します。

厚生労働大臣　殿　　　　　　　　　　　　　　　　　　　　　　　　　　　　令和1年6月1日

事業主	①（フリガナ） 名称（法人の場合） 又は 氏名（個人事業の場合）	シーエスアカウンティングカブシキガイシャ **CSアカウンティング株式会社**	②（フリガナ） 代表者氏名 （法人の場合）	シーエス イチロウ **CS 一郎**
	③住　所 （法人にあっては主たる事業所の所在地）	〒（163—0631） 東京都新宿区西新宿1-25-1新宿センタービル31階	電話番号 03（5908）3423 FAX番号 03（5908）3422	

事業主の種類	④産業分類番号 7 2	事業の具体的内容〔会計・人事のアウトソーシング〕	⑤労働組合の有無 ☐イ あり ☑ロ なし	⑥雇用保険適用事業所番号 1 2 3 4 - 5 6 7 8 9 0 - 1

定年制の状況	⑦定年	☐イ 定年なし ☑ロ 定年あり（定年年齢60歳）	定年年齢が職種毎に異なる場合は最も低い年齢を、定年年齢を社員が自由に選択できる場合は、選択可能なもっとも高い年齢を記載します
	⑧定年の改定予定等	☐イ 改定予定あり（令和＿＿年＿＿月より＿＿歳） ☐ロ 廃止予定あり（令和＿＿年＿＿月に廃止） ☐ハ 改定又は廃止を検討中 ☑ニ 改定・廃止予定なし	

継続雇用の状況	⑨継続雇用制度 ⑦で定年なしを選択した場合は⑨～⑪は記載不要です	☑イ 就業規則等で継続雇用制度を定めている →a継続雇用先（☑（イ）自社 （ロ）親会社・子会社等（以下「子会社等」という）（ハ）関連会社等） →b対象 　→☑（イ）希望者全員を対象（65歳まで雇用）　　該当するもの全てにチェックを入れます 　　更に基準に該当する者を＿＿歳まで雇用 　　基準の根拠（（a）労使協定を締結して就業規則等に反映（b）労使協定を締結せず就業規則等のみ）） 　（注）高年齢者等の雇用の安定等に関する法律の一部を改正する法律（平成24年法律第78号。以下「改正法」という。）に規定する経過措置に基づく対象者を限定する基準が有る企業は（イ）に記入 　→☐（ロ）基準に該当する者を対象（＿＿歳まで雇用） 　　基準の根拠（（a）労使協定を締結して就業規則等に反映（b）労使協定を締結せず就業規則等のみ）） ☐ロ 制度として導入していない（運用により継続雇用を行う場合を含む）	
	⑩継続雇用制度の導入・改定予定	☐イ 継続雇用制度の導入・改定予定あり（平成＿＿年＿＿月より） 　→内容（☐（イ）経過措置の基準の廃止 ☐（ロ）新規導入 ☐（ハ）上限年齢の引上げ ☐（ニ）その他） ☐ロ 継続雇用制度の導入・改定を検討中 ☑ハ 継続雇用制度の導入・改定予定なし	
	⑪66歳以上まで働ける制度等（定年の廃止・引上げ等を除く）の状況	☐イ 自社又は子会社等で会社の実情に応じ会社が必要と認める者等を66歳以上まで働ける制度を就業規則等に定めている 　→（☐（イ）該当する者を＿＿歳まで雇用 ☐（ロ）上限年齢を規定していない） ☑ロ 上記イの制度を就業規則等に定めていない 　→（☐（イ）導入予定あり ☐（ロ）検討中 ☐（ハ）66歳以上まで雇用する慣行がある ☑（ニ）予定なし）	

⑫常用労働者数（うち女性）	総　数	～44歳	45～49歳	50～54歳	55～59歳	60～64歳	65～69歳	70歳～
	300人 （130人）	250人 （105人）	10人 （6人）	10人 （6人）	10人 （5人）	10人 （5人）	5人 （2人）	5人 （1人）

⑬過去1年間の離職者の状況（うち女性）	解雇等による45歳以上65歳未満の離職者数＿＿＿2人（うち女性＿＿＿1人） うち求職活動支援書を作成した対象者数＿＿＿2人（うち女性＿＿＿1人）

1年以上継続して雇用される者（見込み含む）のうち、1週間の所定労働時間が20時間以上の者

⑭過去1年間の定年到達者等の状況（うち女性）	(a)定年到達者の総数 ((b)+(c)+(e))	(b)定年退職者数（継続雇用を希望しない者）	(c)継続雇用者数	(d)うち子会社等・関連会社等での継続雇用者数	(e)定年退職者数（継続雇用を希望したが継続雇用されなかった者）	(f)継続雇用の終了による離職者数
	3人 （1人）	1人 （0人）	2人 （1人）	0人 （0人）	0人 （0人）	1人 （0人）

⑮過去1年間の改正法に規定する経過措置に基づく継続雇用の対象者に係る基準の適用状況 （うち女性）	(a)基準を適用できる年齢に到達した者の総数 ((b)+(c)+(d))	(b)継続雇用終了者数（継続雇用の更新を希望しない者）	(c)継続雇用者数（基準に該当し引き続き継続雇用された者）	(d)継続雇用終了者数（基準に該当しない者）
	5人 （2人）	1人 （0人）	4人 （2人）	0人 （0人）

高年齢者雇用推進者	役職 人事部長	氏名 CS 太郎	記入担当者	所属及び役職 人事部	氏名 CS 花子

※事業主は、高年齢者等の雇用の安定等に関する法律（昭和46年法律第68号）に基づき、毎年、高年齢者の雇用に関する状況を報告しなければならないこととされています。（提出期限毎年7月15日）

報告書は、高年法に定められた65歳までの雇用確保措置の実施義務等を確認し、国において高齢者雇用の状況を確認するとともに、必要に応じ各企業に対し助言・指導等を行うための基本情報となります。

２ 報告書による雇用状況集計結果

　本報告の集計結果は同年10月～11月頃に厚生労働省より公表されます。公表されている最新の統計結果のポイントは以下の通りです。

平成30年高齢者の雇用状況集計結果

（集計対象：全国の常時雇用する労働者が31人以上の企業156,989社）

・65歳までの雇用確保措置のある企業は99.8％

・雇用確保措置のうち、継続雇用制度を導入している企業は約８割

・60歳定年時に継続雇用を希望する者は約85％

・65歳定年企業は全企業で16.1％であり、前年比0.8％増加

・66歳以上働ける制度のある企業は全企業で27.6％

第4章 60歳以上の社員が在職中の手続き

111

Topic

3

60歳以上の社員の在職中に必要に応じて行う手続き

1……65歳を迎えた場合の被扶養者の手続き

　60歳以上の社員が配偶者を扶養に入れているケースがあるかと思いますが、社員が65歳に到達し、扶養に入れている配偶者が60歳未満の場合には、この配偶者は住所地の市区町村役場の国民年金窓口またはお近くの年金事務所において、国民年金の第3号被保険者から第1号被保険者へ切り替える手続きを行う必要があります。

　国民年金には第1号被保険者～第3号被保険者まであり、それぞれの定義は以下の通りです。

第1号被保険者：日本国内に住む20歳以上60歳未満の自営業者、農業・漁業者、学生および無職の人とその配偶者

第2号被保険者：厚生年金又は共済組合に加入している人のうち、65歳未満の人及び65歳以上70歳未満で老齢基礎年金の受給資格を満たしていない人

第3号被保険者：第2号被保険者に扶養されている20歳以上60歳未満の配偶者で以下の収入要件を満たす人

①　年間収入が130万円未満（60歳以上又は障害者の場合は、年間収入180万円未満）

②　同居の場合は収入が第2号被保険者の半分未満、別居の場合は収入が第2号被保険者の仕送り額未満

　年間収入とは、過去における収入のことではなく、被扶養者に該当する時点及び認定された日以降の年間見込み収入額をいいます（給与収入の場合は月額108,333円以下、雇用保険等の受給者の場合、日額3,611円以下）。また、被扶養者の収入には雇用保険件の失業給付、公的年金、健康保険の傷病手当金や出産手当金も含まれます。

　第2号被保険者に扶養されていることが第3号被保険者の要件の1つであるため、冒頭に記載したように社員が65歳を迎えて老齢基礎年金の受給資格を満たして第2

112

号被保険者の資格を喪失し、かつその社員の配偶者が60歳未満であるときは、65歳に到達した日において第3号被保険者被保険者から第1号被保険者に切り替える手続きを行う必要があるのです。

第3号被保険者である間は60歳以上の社員が加入している厚生年金保険が保険料や掛け金の一部を負担するため、給与から徴収されている以上の保険料を支払う必要はありませんでした。一方、第1号被保険者に切り替えを行うと、毎月16,340円（平成30年度時点、前納による前払い制度あり）の国民年金保険料を60歳に達するまで納める必要があります。配偶者が無職で国民年金保険料を社員が支払った場合、年末調整の際に納付証明書もしくは領収証を添付し保険料控除申告書に記載することで、支払額全額に対して所得控除を受けることができますので、社員に併せて説明したほうがよいでしょう。

2……70歳を超えた場合の厚生年金喪失手続き

社員が在職中に70歳に到達し、70歳到達日以降も引き続き同一の事業所に使用される場合には、従来は70歳に到達する社員ごとに「厚生年金保険被保険者資格喪失届　70歳以上被用者該当届」（以下70歳到達届という。）の提出が必要でしたが、平成31年4月より取扱いが以下のように変更となりました。

次の（1）及び（2）の要件に該当する被保険者が、在職中に70歳に到達した場合は、日本年金機構において、厚生年金保険の資格喪失処理を行うため、70歳到達届の提出が不要となります。なお、両方の要件に該当しない場合は70歳到達届を70歳到達日から5日以内に、管轄の事務センターもしくは年金事務所へ提出する必要があります。

（1）70歳到達日以降も引き続き同一の適用事業所に使用される被保険者
（2）70歳到達日時点の標準報酬月額相当額が、70歳到達日の前日における標準報酬月額と同額である被保険者

提出書類：厚生年金保険被保険者資格喪失届70歳以上被用者該当届
　　　　　（「70歳到達届」という。）
提出先：事務センター（管轄の年金事務所）
提出時期：70歳到達日（誕生日の前日）から5日以内

70歳到達届の記入例：

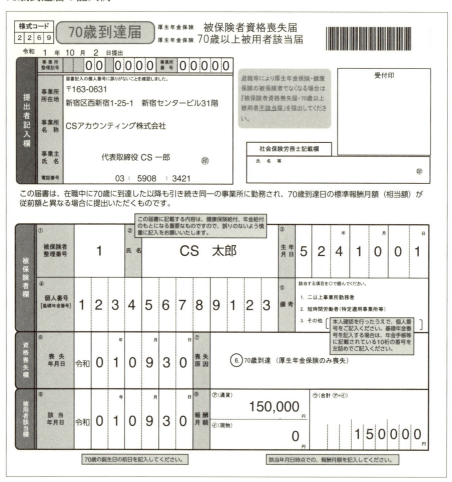

3……75歳を迎えた場合の健康保険喪失手続き

社員が75歳に達したとき、後期高齢者医療制度に移行し、個人単位で保険料を納付することとなるため、加入している健康保険の資格喪失手続きを行う必要があります。現在は資格喪失届と同一のフォーマットになっています。記載例は以下ご参照下さい。

提出書類：被保険者資格喪失届

提出先：事務センターもしくは健康保険組合

提出期限：75歳に達した日以後5日以内

添付書類：健康保険証、高齢受給者証

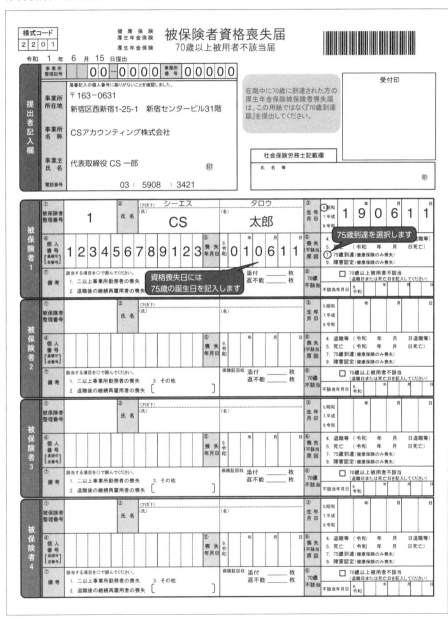

Topic

4

60歳以上の社員が
病気・怪我をした場合

1……労災・通勤災害の場合の給付金

◼ 労災・通勤災害が起きた場合に受けられる給付

　本項では労災や通勤災害が起こった際の手続きについて解説します。
60歳以上の社員に限らず、労災や通勤災害は労働に付随して起こり得ますが、とりわけ60歳以上の社員は加齢に伴う体力低下や身体機能の衰えにより事故の発生頻度が増える傾向にあります。

　厚生労働省ホームページに掲載されている労働災害統計の内、「平成29年業種別年齢別死亡災害発生状況」データにおいても、60歳以上年齢層の災害発生件数が他の年齢層よりも多いことが読み取れます。

　では、万が一労災や通勤災害が起こってしまった場合の手続方法を詳しく見ていきたいと思います。労災と通勤災害の主な給付ごとに手続きを整理すると以下の表の通りとなります。

【主な労災・通勤災害給付】

給付種類	労災	通勤災害	提出先
	請求書の様式	請求書の様式	
療養給付	療養補償給付たる療養の給付請求書（5号）	療養給付たる療養の給付請求書（16号の3）	病院や薬局等を経て所轄労働基準監督署
	療養補償給付たる療養の費用請求書（7号）	療養給付たる療養の費用請求書（16号の5）	所轄労働基準監督署
休業給付	休業補償給付支給請求書（8号）	休業給付支給請求書（16号の6）	

116

(1) 療養（補償）給付

　労働者が労災または通勤災害が原因で負傷したとき、または病気にかかって療養を必要とするときに受けられる給付です。受診した医療機関が労災保険指定医療機関かどうかで「療養の給付請求書」なのか「療養の費用請求書」なのかが異なります。受診した医療機関が労災保険指定医療機関でない場合には、一旦療養費を立て替えて支払ってください。その後「療養（補償）給付たる療養の費用請求書」を、直接、労働基準監督署長に提出すると、療養に要した費用が支払われます。

　（イ）事前の整備の重要性

　　労災や通勤災害は予告なく発生しますので、急な事故に慌てることのないよう、予め被災社員が行う報告の流れや労災事故申請書等を整備しておくことをお勧めします。労災事故申請書を備えておくことで、被災社員が申請できないような状況となった際の聞き取り調査にも流用できます。また、労災上乗せ補償を制度として設けている会社であれば、上乗せ補償の対象となる事柄も記載しておくことで保険対象かどうかの判断も兼ねることができます。

　（ロ）薬剤も給付の対象に

　　薬剤の提供も療養（補償）給付に含まれます。院内薬局であれば労災書類は1通で手続可能ですが、院外薬局の場合には労災申請書類が2通必要になります。予め複数枚の労災書類を渡しておくとスムーズに手続を進めることができます。また薬剤を購入した薬局が労災保険指定医療機関かどうかで手続き方法が異なる点は上述に記載した事と同様ですので、注意する必要があります。

　（ハ）医療機関を変更する場合

　　転院等、労災指定医療機関を変更する際には「療養（補償）給付たる療養の給付を受ける指定病院等（変更）届」を変更後の病院を通じて所轄労働基準監督署へ提出します。準備する書類が初診の医療機関へ提出するものと異なりますので注意する必要があります。

(2) 休業（補償）給付

　労災や通勤災害により4日以上休業した場合に、第4日目から平均賃金の8割が支給されます。但し、3つの要件（①から③）を充足する必要があります。

　①　業務上または通勤による負傷や疾病による療養のためであること

　②　労働することができないこと

　③　賃金を受けていないこと

　その支給額は下記の通りです。

休業（補償）給付＝給付基礎日額（※）の60％×休業日数

休業特別支給金＝給付基礎日額（※）の20％×休業日数

（※）給付基礎日額とは、原則として労働基準法の平均賃金に相当する額です。

（イ）待期期間

　休業の初日から3日間は待期期間といい、労働災害の場合には労働基準法に基づく休業補償（1日につき平均賃金の60％）を支払う必要があります。通勤災害であれば休業補償を行う必要はありません。

（ロ）労働時間の一部を休業した場合

　通院のため、労働者が所定労働時間のうち一部を休業した場合は、給付基礎日額から実際に労働した部分に対して支払われる賃金額を控除した額の80％に当たる額が支給されます。

（ハ）労働者死傷病報告

　労働者死傷病報告の届出漏れにご注意下さい。

　労災手続書類とは別に、労働者私傷病報告の届出も必要です。労働安全衛生規則に基づき、会社は当該届出書の提出が義務付けられています。未届けであったり、虚偽の報告を行った場合には労働基準監督署による書類送検の対象となり得ますので、届出対象の労災事故等が発生した際には必ず届出をしましょう。

労働安全衛生規則

第97条（労働者死傷病報告）

　事業者は、労働者が労働災害その他就業中又は事業場内若しくはその附属建設物内における負傷、窒息又は急性中毒により死亡し、又は休業したときは、遅滞なく、様式第23号による報告書を所轄労働基準監督署長に提出しなければならない。

2　前項の場合において、休業の日数が4日に満たないときは、事業者は、同項の規定にかかわらず、1月から3月まで、4月から6月まで、7月から9月まで及び10月から12月までの期間における当該事実について、様式第24号による報告書をそれぞれの期間における最後の月の翌月末日までに、所轄労働基準監督署長に提出しなければならない。

提出書類：労働者私傷病報告（様式23号）休業4日以上の場合
提出先：会社管轄の労働基準監督署
提出期限：遅滞なく
記入例：

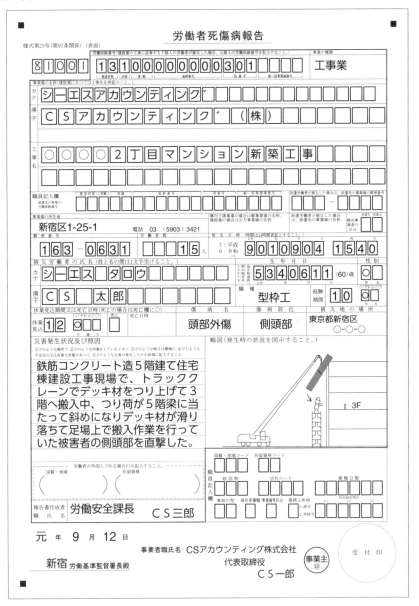

第4章 60歳以上の社員が在職中の手続き

提出書類：労働者私傷病報告（様式24号）休業4日未満の場合
提出先：会社管轄の労働基準監督署
提出期限：1月から3月まで、4月から6月まで、7月から9月まで及び10月から12月までの期間における当該事実について、それぞれの期間における最後の月の翌月末日まで

記入例：

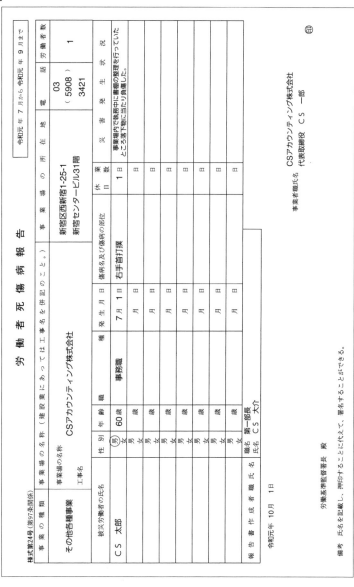

その他、労災保険法では、下記の給付内容があります。

(3) 障害（補償）給付

労災や通勤災害が原因となる負傷や疾病が治ったとき（※）身体に一定の障害が残った場合の給付

※　症状固定し、医療効果が期待できない状態をいいます。

(4) 遺族（補償）給付　葬祭料（葬祭給付）

労災や通勤災害が原因で亡くなった労働者の遺族へ給付、また葬祭を行った遺族などに対する葬祭料（葬祭給付）

(5) 介護（補償）給付

障害（補償）年金または傷病（補償）年金の受給者のうち、障害等級・傷病等級が第１級の方と第２級の「精神神経・胸腹部臓器の障害」を有している方が、現に介護を受けている場合、介護（補償）給付が受けられます。

(6) 二次健康診断等給付

労働安全衛生法に基づき実施される定期健康診断等のうち、直近のものにおいて、脳・心臓疾患に関連する一定の項目に異常の所見がある場合に、二次健康診断等給付が受けられます。

2 通勤災害・労災に関する給付の手続き

重大な労災や通勤災害であれば障害、遺族、介護等の給付も発生するかもしれませんが発生頻度は少ないかと思われます。頻回に直面する可能性があるのが、上述図に記載した療養（補償）給付と休業（補償）給付かと思われますので、それぞれの手続き方法について記載例を交えながら説明していきます。

(1) 療養（補償）給付

労働者が労災または通勤災害が原因で負傷したとき、または病気にかかって療養を必要とするときに受けられる給付

(イ) 労災／受診した医療機関が労災保険指定医療機関な場合
提出書類：療養補償給付たる療養の給付請求書（5号）
提出先：受診先の労災保険指定医療機関
提出期限：療養給付を受ける時
記入例：

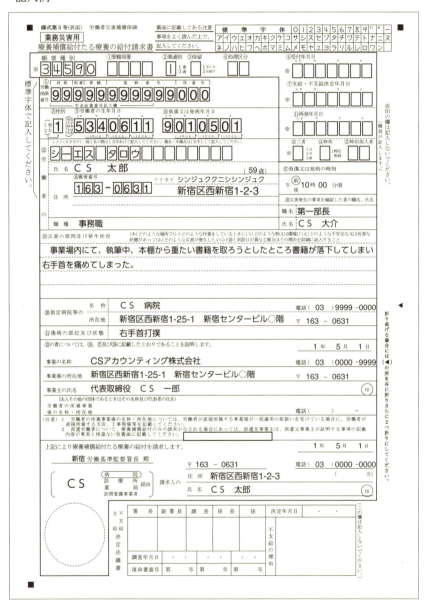

（ロ）労災／受診した医療機関が労災保険指定医療機関以外の場合

提出書類：療養補償給付たる療養の費用請求書（7号）

提出先：会社管轄の労働基準監督署

提出期限：療養補償給付たる療養の費用を請求する時

添付書類：領収書の原本、その他必要とする書類の提出が求められることがあります。

記入例：

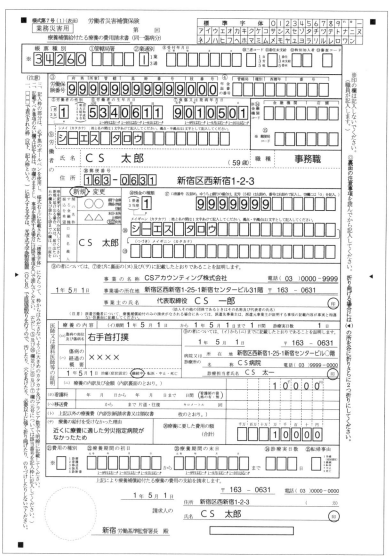

(ハ) 通災／受診した医療機関が労災保険指定医療機関な場合

提出書類：療養給付たる療養の給付請求書（16号の3）

提出先：受診先の労災保険指定医療機関

提出期限：初回の療養給付を受ける時

記入例：表面は5号用紙と同内容です。

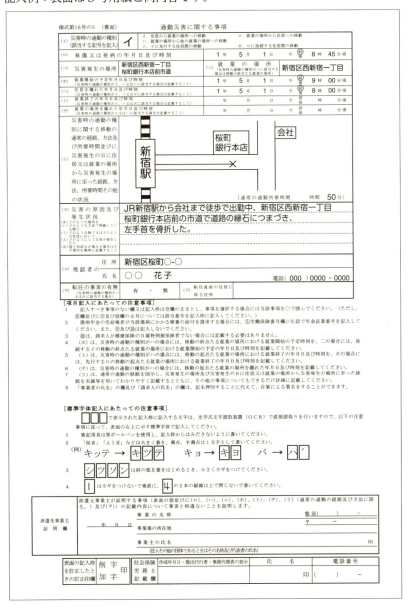

（二）通災／受診した医療機関が労災保険指定医療機関以外の場合

　提出書類：療養給付たる療養の費用請求書（16号の５）

　提出先：受診先の労災保険指定医療機関

　提出期限：療養給付たる療養の費用を請求する時

　記入例：

表面の記載内容は７号と同様です。

裏面の記載内容は16号の３裏面と同様です。ただ、病院に記入してもらう欄が
追加されます。

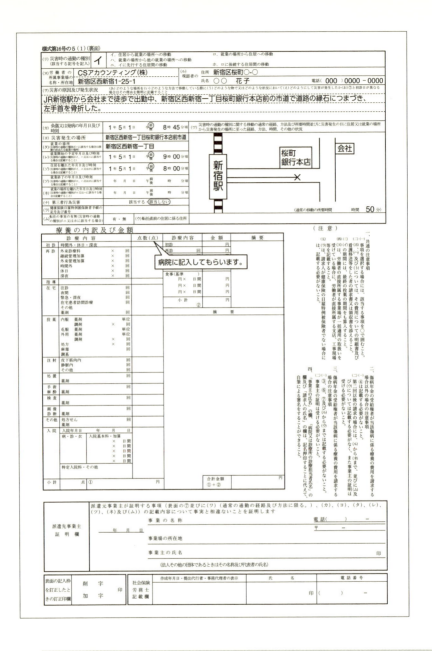

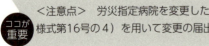

＜注意点＞ 労災指定病院を変更した際には様式第6号（通勤災害の場合には様式第16号の4）を用いて変更の届出を行う必要があります。

（2）休業（補償）給付

労災や通勤災害により4日以上休業した場合、4日目から平均賃金の8割が支給されます。

（イ）労災

提出書類：休業補償給付支給請求書（8号）

提出先：会社管轄の労働基準監督署

提出期限：休業補償給付を請求する時

添付書類：初回は賃金台帳、出勤簿（管轄労基署によって異なる場合があります）

記入例：

第4章　60歳以上の社員が在職中の手続き

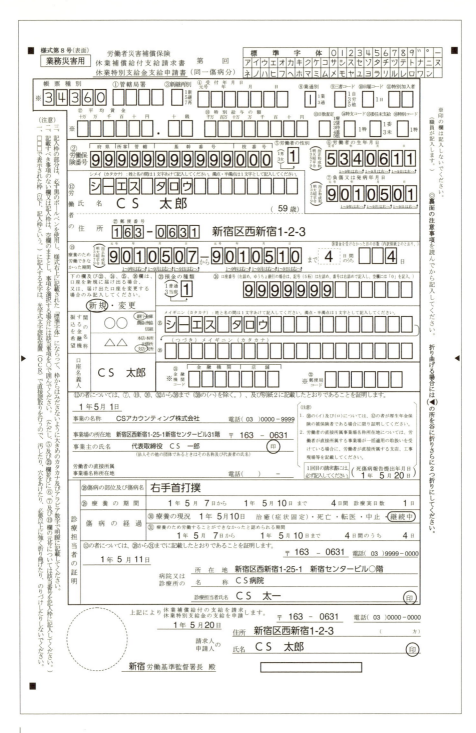

様式第8号（裏面）

㉜ 労働者の職種		㉝ 負傷又は発病の時刻		㉞ 平均賃金（算定内訳別紙1のとおり）	
事務職		午前後 10 時 00 分頃		11,921 円 34 銭	
㉟ 所定労働時間	午前後 9時00分から午前後 5時30分まで		㊱ 休業補償給付額・休業特別支給金額の改定比率	平均給与額証明書のとおり	

㊲災害の原因及び発生状況（あ）どのような場所で（い）どのような作業をしているときに（う）どのような物又は環境に（え）どのような不安全な又は有害な状態があって（お）どのような災害が発生したか（か）⑦と初診日が異なる場合はその理由を詳細に記入すること

事業場内にて、執務中、本棚から重たい書籍を取ろうとしたところ、書籍が落下してしまい、右手首を痛めてしまった。

㊳厚生年金保険等の受給関係	（イ）基礎年金番号				（ロ）被保険者資格の取得年月日	年 月 日		
	（ハ）当該傷病に関して支給される年金の種類等	年 金 の 種 類			厚生年金保険法の 国民年金法の 船員保険法の	イ 障害年金 ロ 障害厚生年金 ハ 障害年金 ニ 障害基礎年金 ホ 障害年金		
		障 害 等 級				級		
		支給される年金の額				円		
		支給されることとなった年月日				年 月 日		
		基礎年金番号及び厚生年金等の年金証書の年金コード						
		所轄年金事務所等						

表面の記入枠を訂正したときの訂正印欄	削 字	印
	加 字	

社会保険労務士記載欄	作成年月日・提出代行者・事務代理者の表示	氏 名	電 話 番 号
		印	（ ） －

〔注　意〕

一、所定労働時間後に負傷した場合には、⑲及び⑳欄については、当該負傷した日を除いて記載してください。

二、㉞欄には、負傷又は発病の日以前３か月間に支払われた賃金の総額を記載してください。別紙1②欄の賃金計算期間のうち業務外の傷病の療養等のために休業した期間があり、その期間の日数及びその期間中の賃金を別紙1②欄に内書きして記載してください。この場合は、平均賃金算定基礎期間及び賃金の総額から、休業した期間の日数及びその期間中の賃金を控除して算定した平均賃金に相当する額を⑭欄に記載してください。この場合は、⑭欄に「賃金の総額」の内訳を別紙2に記載してください。この算定方法によって算定した平均賃金に相当する額を記載してください。

三、別紙1及び別紙2は、所定の様式を用いて記載してください。この場合において「二部休業日」とは、所定労働時間のうちその一部分について「別紙2に記載した日」又は疾病のため所定労働時間の全部を休業し、又はその日に負傷した場合に限り添付してください。

四、㉟欄には、その者の給付基礎日額を算定することができる書類を添付してください。

四、請求人（申請人）が特別加入者であるときは、㉞欄及び㊱欄は記載する必要はありません。

五、㉞欄及び㉟欄は、前回の請求又は申請後の分について記載してください。

五、別紙1（平均賃金算定内訳）は、⑲及び⑳欄については、記載する必要はありません。

六、⑲及び⑳欄の「療養の内訳」は付する必要はありません。ある場合（療養のために労働できなかった期間）について記載してください。

七、休業特別支給金の支給の申請のみを行う場合には、㊳欄は記載する必要はありません。

事業主の証明は受ける必要はありません。「病院又は診療所の診療担当者氏名」の欄及び「請求人（申請人）の氏名」の欄は、記名押印することに代えて、自筆による署名をすることができます。

129

様式第8号（別紙1）　（表面）

労 働 保 険 番 号					氏　　　名	災害発生年月日
府県 所掌 管轄	基幹番号	枝番号			CS　太郎	1 年 5 月 1 日
9 9 9 9 9	9 9 9 9 9 9 9	9 0 0 0				

平均賃金算定内訳

(労働基準法第12条参照のこと。)

雇 入 年 月 日		**27** 年　　**4** 月　　**1** 日		常用・日雇の別		常　用・日　雇
賃 金 支 給 方 法		月給・週給・日給・時間給・出来高払制・その他請負制			賃金締切日 毎月 **末** 日	

<table>
<tr><td rowspan="7">A</td><td colspan="2">賃金計算期間</td><td>2月 1日から
2月 28日まで</td><td>3月 1日から
3月 31日まで</td><td>4月 1日から
4月 30日まで</td><td colspan="2">計</td></tr>
<tr><td colspan="2">総 日 数</td><td>**28** 日</td><td>**31** 日</td><td>**30** 日</td><td>(イ)</td><td>**89** 日</td></tr>
<tr><td rowspan="5">賃

金</td><td>基 本 賃 金</td><td>300,000 円</td><td>300,000 円</td><td>300,000 円</td><td></td><td>900,000 円</td></tr>
<tr><td>手 当</td><td>12,000</td><td>12,000</td><td>12,000</td><td></td><td>36,000</td></tr>
<tr><td>手 当</td><td>10,000</td><td>10,000</td><td>10,000</td><td></td><td>30,000</td></tr>
<tr><td></td><td></td><td></td><td></td><td></td><td></td></tr>
<tr><td>計</td><td>322,000 円</td><td>322,000 円</td><td>322,000 円</td><td>(ロ)</td><td>966,000 円</td></tr>
</table>

月・週その他一定の期間によって支払ったもの

<table>
<tr><td rowspan="7">B</td><td colspan="2">賃金計算期間</td><td>2月 1日から
2月 28日まで</td><td>3月 1日から
3月 31日まで</td><td>4月 1日から
4月 30日まで</td><td colspan="2">計</td></tr>
<tr><td colspan="2">総 日 数</td><td>**28** 日</td><td>**31** 日</td><td>**30** 日</td><td>(イ)</td><td>**89** 日</td></tr>
<tr><td colspan="2">労 働 日 数</td><td>**19** 日</td><td>**22** 日</td><td>**21** 日</td><td>(ハ)</td><td>**62** 日</td></tr>
<tr><td rowspan="4">賃

金</td><td>基 本 賃 金</td><td>円</td><td>円</td><td>円</td><td></td><td>円</td></tr>
<tr><td>残 業 手 当</td><td>35,000</td><td>27,000</td><td>33,000</td><td></td><td>95,000</td></tr>
<tr><td>手 当</td><td></td><td></td><td></td><td></td><td></td></tr>
<tr><td>計</td><td>35,000 円</td><td>27,000 円</td><td>33,000 円</td><td>(ニ)</td><td>95,000 円</td></tr>
</table>

日他の若請し負く制はに時よ間っ又ては支出払来っ高た払も制のそ

総	計	357,000 円	349,000 円	355,000 円	(ホ)	1,061,000 円
平 均 賃 金		賃金総額(ホ)1,061,000円÷総日数(イ)	**89**	= 11,921 円	34	銭

最低保障平均賃金の計算方法

Aの(ロ) 966,000 円÷総日数(イ) 89 ＝ 10,853 円 93 銭(ヘ)

Bの(ニ) 95,000 円÷労働日数(ハ) 62 × $\frac{60}{100}$ ＝ 919 円 35 銭(ト)

(ヘ) 10,853 円93銭＋(ト) 919 円35銭 ＝ 11,773 円 28 銭(最低保障平均賃金)

<table>
<tr><td rowspan="4">日日雇い入れられる者の平均賃金（昭和38年労働省告示第52号による。）</td><td>第1号又は第2号の場合</td><td>賃 金 計 算 期 間</td><td>(リ) 労働日数又は労働総日数</td><td>(ヌ) 賃 金 総 額</td><td>平均賃金($\frac{(ヌ)}{(リ)}$×$\frac{73}{100}$)</td></tr>
<tr><td></td><td>月　日から
月　日まで</td><td>日</td><td>円</td><td>円　　銭</td></tr>
<tr><td>第3号の場合</td><td colspan="2">都道府県労働局長が定める金額</td><td></td><td>円</td></tr>
<tr><td>第4号の場合</td><td colspan="2">従事する事業又は職業</td><td>都道府県労働局長が定めた金額</td><td>円</td></tr>
</table>

漁業及び林業労働者の平均賃金（昭和24年労働省告示第5号第2条による。）	平均賃金協定額の承認年月日	年　月　日 職種	平均賃金協定額	円

① 賃金計算期間のうち業務外の傷病の療養等のため休業した期間の日数及びその期間中の賃金を業務
　上の傷病の療養のため休業した期間の日数及びその期間中の賃金とみなして算定した平均賃金
　（賃金の総額(ホ)－休業した期間にかかる②の(リ)）÷（総日数(イ)－休業した期間②の(チ)）
　（　　　　円－　　　　円）÷（　　　日－　　　日）＝　　　円　　　銭

130

賃金計算期間中に業務外の傷病（私病）等による休業があった場合には様式第8号（別紙1）の裏面にも記入が必要です。

様式第8号（別紙1）（裏面）

② 業務外の傷病の療養等のため休業した期間及びその期間中の賃金の内訳

賃金計算期間	4月1日から 4月30日まで	月　日から 月　日まで	月　日から 月　日まで	計
業務外の傷病の療養等のため休業した期間の日数	7 日	日	日	(イ) 7 日
業務外の傷病の療養等のため休業した期間中の賃金 　基本賃金	円	円	円	円
住居手当	2,800			2,800
通勤手当	2,333			2,333
計	5,133 円	円	円	(ロ) 5,133 円

休業の事由	○○○の手術により入院したため

③ 特別給与の額

支払年月日	支払額
年　月　日	円
年　月　日	円
年　月　日	円
年　月　日	円
年　月　日	円
年　月　日	円

[注意]
　③欄には、負傷又は発病の日以前2年間（雇入後2年に満たない者については、雇入後の期間）に支払われた労働基準法第12条第4項の3箇月を超える期間ごとに支払われる賃金（特別給与）について記載してください。
　ただし、特別給与の支払時期の臨時的変更等の理由により負傷又は発病の日以前1年間に支払われた特別給与の総額を特別支給金の算定基礎とすることが適当でないと認められる場合以外は、負傷又は発病の日以前1年間に支払われた特別給与の総額を記載して差し支えありません。

第4章　60歳以上の社員が在職中の手続き

（ロ）通勤災害

　　【必要書類】休業給付支給請求書（16号の６）

　　【提出時期】休業給付を請求する時

　　【提出先】所轄労働基準監督署

　　【添付書類】初回は賃金台帳、出勤簿（管轄労基署によって異なる場合があります）

　　【記入例】記入方法は８号と同様です。

2……傷病手当金制度

　60歳以上の社員が社会保険（健康保険）加入者（被保険者）である場合、業務外の病気や怪我で就労出来ず、会社を休み、その間に給与の支払いがない場合、１年６か月を上限に傷病手当金を受けられる可能性があります。

1 60歳以上の社員と疾病・怪我

　年齢を重ねると供に体力（回復力）が低下する60歳以上の社員は疾病にかかり易く、また、筋肉量と筋力等の身体機能の低下により、転倒等で怪我をし易く、疾病・怪我が治りにくく、会社を休む機会も多くなると考えられます。

2 傷病手当金

(1) 傷病手当金とは

　被保険者が疾病や怪我で就労が叶わず、生活の基盤となる賃金を得られない被保険者とその家族の生活を保障する制度です（健康保険法99）。

(2) 傷病手当金を受給するための要件

　（イ）業務外の事由に基づく疾病・怪我の療養のための休業であること

　　業務上の疾病・怪我、通勤災害によるものや、美容整形といった病気とは見なされないものは除きます。

　（ロ）就労不能であること

　　労務不能状態にあることを医師や療養担当者が判断し、証明していることが必要です。

(ハ) 連続する3日間を含み、4日以上休んでいること

仕事を休んだ期間が3日間続き（待期期間）、その後4日目以降仕事を休んだ日に対して支給されます。

待期期間の考え方
・有給休暇や土・日・祝日といった公休日も対象に含みます。
・会社を休んだ日が連続3日間経過しなければ成立しません。

(ニ) 給与の支払いがないこと

労務不能で休業している最中の賃金が発生していない場合、もしくは賃金の支払いがあっても傷病手当金で受給できる金額より賃金支給金額が低い場合には差額が、支給されます。

(3) 1日当たりの傷病手当金の支給金額

(イ) 協会けんぽの場合

[パターン1：支給開始日以前に12カ月の標準報酬月額がある場合]

$$\frac{支給開始日以前の継続した12カ月間の各月の標準報酬月額を平均した額}{30日} \times \frac{2}{3}$$

例：定年再雇用した60歳以上の社員で、支給開始日（2019/1/1）以前の12カ月（2018/2～2019/1）が以下の標準報酬月額で、30日間受給する場合

2018/1/1	2018/4/1	傷病手当金開始 2019/1/1
標準報酬月額30万円	標準報酬月額24万円	傷病中（※）

（計算式）

1日当たりの支給金額：

（2カ月×30万円＋10カ月×24万円）÷12カ月÷30日＝8,330　※端数の場合一の位四捨五入

8,330円×2/3＝5,553.3333…　小数点1位を四捨五入　　1日：5,553円

計　5,553円×30日＝166,590円

〔パターン２：支給開始日以前に12カ月の標準報酬月額がない場合〕

次のいずれか低い額を使用して計算します。

① 支給開始日の属する月以前の直近の継続した各月の標準報酬月額の平均額

② 当該年度の前年度９月30日における全被保険者の同月の標準報酬月額を平均した額（平成31年４月１日以降は30万円です。毎年度変動します）

例：2019/4/1に60歳以上の社員が入社し、支給開始日（2020/1/1）以前、直近９カ月の標準報酬月額が24万円で30日間受給する場合

2019/1/1	2019/4/1入社	傷病手当金開始	2020/1/1
失業中	標準報酬月額　24万円		傷病中　（※）

（計算式）

１日当たりの支給金額：

（10カ月×24万円）÷10ヵ月÷30日＝8,000

8,000円×2/3＝5,333.3333…　小数点１位を四捨五入　１日：5,333円

計　5,333円×30日＝159,990円

（ロ）協会けんぽ以外の健康保険組合の場合

基本的には協会けんぽの傷病手当金支給制度と変わりませんが、協会けんぽの傷病手当金制度が健康保険法上最低限度定められている保障制度の「法定給付」であり、それとは別に健康保険組合が独自に実施する「付加給付」という、法定給付を上回る保障制度を設けている場合もあります。会社が健康保険組合加入の場合の手続きについては、各健康保険組合へ必ず確認を取った上で行ってください。

（4）傷病手当金が受給できる期間

支給開始日から最長１年６カ月の期間、同一の傷病について傷病手当金が受給できます。

注意すべきは、１年６か月分の傷病手当金が受給できる訳ではなく、開始日から１年６カ月のうち傷病手当金に該当する日について支給される点です。つまりは、１年６カ月のうち、出勤日があり賃金が発生する場合、傷病手当金の支給はありませんが、その期間の日数は１年６カ月のうちの日数にカウントされます。

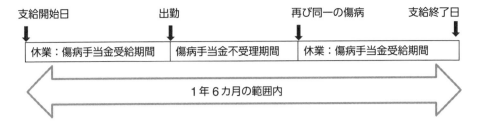

　協会けんぽ（全国健康保険協会）以外の健康保険組合の場合は、前述同様、法定給付を上回る保障制度を設けている場合もあるため、各健康保険組合へ確認してください。

(5) 傷病手当金の受給手続き

　傷病手当金支給申請書に就労不能に関する医師・療養担当者による【労務不可】の証明をもらい、事業主が賃金支給状況や出勤の状況を証明し、会社管轄の協会けんぽ支部へ（協会けんぽ以外の健康保険組合に加入している会社はその健康保険組合へ）提出します。

　協会けんぽ（全国健康保険協会）以外の健康保険組合の場合は、前述同様、法定給付を上回る保障制度を設けている場合もあり、添付資料が異なる場合もございますので、各健保組合へ確認のうえ手続きをしてください。

(6) 実務上のポイント

　（イ）待期期間を有給休暇で取得する

　　傷病手当金の待期期間を有給休暇で3日間取得すると、無収入の日を作ることがないため、生活保障上の安定的な金銭の補填という側面を鑑みると推奨できる方法となります。

　　有給休暇は基本的に本人の請求に基づき取得するものです。事業主が強制的に待期期間を有給休暇で確定させることはできませんのでご留意ください。

　（ロ）休業期間が長くなる場合

　　1カ月以上等、少し長めの休業期間となる場合は給与の締め日等に合わせて医師・療養担当者の就労不能期間を取得してもらい、申請を1カ月毎等に分けて申請する方法が多いです。傷病手当金の支給は給与の支給と関わりがありますので、給与確定に合わせて申請すると手続きをスムーズに進めることができます。

（ハ）業務上か業務外か

　傷病手当金支給申請書に本人記入欄や医師・療養担当者の証明欄が設けられており、記載内容に「業務上」を示唆する内容が記載されている場合は業務外の傷病と判断できないため、協会けんぽ（健康保険組合）より返戻として戻ってきてしまう場合が多いです。業務上・業務外の区分を会社・社員間で確実に共有し合うことが重要です。特にうつ病や適応障害といった精神的傷病の場合は細心の留意が必要です。

(7)　資格喪失後の傷病手当金の給付について

（イ）制度の概要

　傷病手当金受給者が退職等でその被保険者資格を喪失した後も下記のある一定の要件を満たせば資格喪失後も傷病手当金を受給できる場合があります。

　定年再雇用等でワークライフバランス等に配慮した形で就労する60歳以上の社員の中には自身の傷病で会社に迷惑は掛けたくないと考え、自ら退職を申し出るケースも少なくないと想像します。本件はそんな60歳以上の社員にとって最適な制度となる可能性があります。

要件１：資格喪失日の前日まで被保険者期間が継続して１年以上あること

要件２：資格喪失日の前日に、現に傷病手当金を受給しているか、受けられる状態（傷病手当金を受給する為の要件132～133ページ **2**(2)（イ）（ロ）（ハ）を満たしている状態）であること

（ロ）実務上の留意事項

　資格喪失後、一旦就労可能な状態となり、その後同一傷病が発症する等して就労不可となっても資格喪失後の傷病手当金は継続して受給できません。在職中の傷病手当金と大きく異なる点ですので留意が必要です。

　また、資格喪失日の前日（退職日）に引き継ぎや挨拶等で出勤し就労してしまうと傷病手当金を受けられる状態とは見なされず、資格喪失後の傷病手当金は受給できなくなるため留意が必要です。

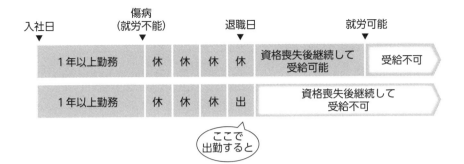

　資格喪失後の傷病手当金受給者が老齢基礎年金・老齢厚生等の老齢給付を受けている場合は調整が入り、老齢年金等の金額が傷病手当金受給金額を下回る時には差額が支給されます。傷病手当金申請時に年金証書の写等、老齢年金金額を証明する添付資料を合わせて申請する必要があるのでご留意ください。

3 定年再雇用の60歳以上の社員と傷病休職制度

　傷病休職制度は労働基準法上、事業主に制度を設けることが義務付けられている訳ではなく、会社が任意で設けてよい制度です。そのため、定年再雇用の60歳以上の社員に関しては規程において明記されているなどの条件が整備されていれば傷病休職制度の適用者から除くことも可能ではあります。

〈下記両方の条件が必要です〉
① 定年再雇用適用の就業規則・規程に休職適用の除外とすることを明記していること
② 再雇用時の契約書に於いても休職適用の除外とすることを明記し、労使間で認識の確認がとれていること

健康保険 傷病手当金 支給申請書（第 1 回） 被保険者記入用

記入方法および添付書類等については、「健康保険 傷病手当金 支給申請書 記入の手引き」をご確認ください。
申請書は、楷書で枠内に丁寧にご記入ください。　記入見本 `0 1 2 3 4 5 6 7 8 9 ア イ ウ`

被保険者情報

- 被保険者証の 記号：`12345678`　番号：`12`
- 生年月日：2.平成 `34 06 11`
- 氏名・印（フリガナ シーエス　タロウ）：ＣＳ　太郎
- 住所：〒`105000×`　東京都 新宿区西新宿 ×-△
- 電話番号（日中の連絡先）TEL：`090×××××××××`

振込先指定口座

- 金融機関名称：○○○ 銀行　○○ 本店
- 預金種別：`1` 1.普通
- 口座番号：`1234567`
- 口座名義：`シーエス　タロウ`
- 口座名義の区分：`1` 1.被保険者

受取代理人の欄

（空欄）

「被保険者記入用」は2ページに続きます。

被保険者のマイナンバー記載欄
（被保険者証の記号番号を記入した場合は記入不要です）
マイナンバーを記入した場合は、必ず本人確認書類を添付してください。

社会保険労務士の提出代行者名記載欄

様式番号：`601160`　　`1`

全国健康保険協会　協会けんぽ

1/4

健康保険 傷病手当金 支給申請書

被保険者記入用

被保険者氏名 CS 太郎

申請内容

1 傷病名（1つの記入欄に複数の傷病名を記入しないでください。）
1) 胃潰瘍
2)
3)

2 初診日 1.平成 30 04 22

3 該当の傷病は病気（疾病）ですか、ケガ（負傷）ですか。 1. 病気
（発病時の状況）4/22に胃が痛み、胃薬を服用しても治らない為受診
2. ケガ → 負傷原因届を併せてご提出ください。

4 療養のため休んだ期間（申請期間）
1.平成 30 04 22 から
1.平成 30 05 12 まで
日数 21日間

5 あなたの仕事の内容（具体的に）（退職後の申請の場合は退職前の仕事の内容）
人事担当事務

確認事項

1 上記の療養のため休んだ期間（申請期間）に報酬を受けましたか。または今後受けられますか。 2. いいえ

1-① 「はい」と答えた場合、その報酬の額と、その報酬支払の対象となった（なる）期間をご記入ください。
年 月 日 から
年 月 日 まで
報酬額 円

2 「障害厚生年金」または「障害手当金」を受給していますか。受給している場合、どちらを受給していますか。 3. いいえ
1. 障害厚生年金
2. 障害手当金

2-① 「はい」または「請求中」と答えた場合、受給の要因となった（なる）傷病名及び基礎年金番号等をご記入ください。（「請求中」と答えた場合は、傷病名・基礎年金番号のみをご記入ください。）
傷病名
基礎年金番号
年金コード
支給開始年月日 年 月 日
年金額 円

3 （健康保険の資格を喪失した方はご記入ください。）老齢または退職を事由とする公的年金を受給していますか。 3. いいえ
1. はい
2. 請求中

3-① 「はい」または「請求中」と答えた場合、基礎年金番号等をご記入ください。（「請求中」と答えた場合は、基礎年金番号のみをご記入ください。）
基礎年金番号
年金コード
支給開始年月日 年 月 日
年金額 円

4 労災保険から休業補償給付を受けていますか。（又は、過去に受けたことがありますか。） 3. いいえ
1. はい
2. 労災請求中

4-① 「はい」または「労災請求中」と答えた場合、支給元（請求先）の労働基準監督署をご記入ください。
労働基準監督署

様式番号 601269

「事業主記入用」は3ページに続きます。

全国健康保険協会 協会けんぽ

2/4

健康保険 傷病手当金 支給申請書

事業主記入用

労務に服することができなかった期間を含む賃金計算期間の勤務状況および賃金支払状況等をご記入ください。

被保険者氏名　CS　太郎

勤務状況
【出勤は○】で、【有給は△】で、【公休は公】で、【欠勤は／】でそれぞれ表示してください。

1.平成 2.令和　年　月
| 1 | 3 | 0 | 0 | 4 | | 計 | 出勤 4 日 | 有給 1 日 |

| 1 | 3 | 0 | 0 | 5 | | 計 | 3 日 | 0 日 |

上記の期間に対して、賃金を支給しました（します）か？　☑はい　□いいえ

給与の種類：☑月給　□日給　□日給月給　□時間給　□歩合給　□その他

賃金計算　締日 15　支払日 1（1.当月 2.翌月）25 日

上記の期間を含む賃金計算期間の賃金支給状況をご記入ください。

区分	単価	04月16日～05月15日 支給額	月 日～月 日 支給額	月 日～月 日 支給額
基本給	300000	135000		
通勤手当	120000			
住宅手当	20000	20000		
手当				
手当				
手当				
現物給与				
計	440000	155000		

賃金計算方法（欠勤控除計算方法等）についてご記入ください。

基本給　（欠勤控除有り）300,000円÷20日×11日＝165,000円
通勤手当（欠勤控除無し）12/25　6か月分定期券代（1～6月分）として120,000円支給
住宅手当：欠勤控除無し

担当者氏名　○○　○○

上記のとおり相違ないことを証明します。

事業所所在地　東京都新宿区西新宿1-25-1　新宿センタービル31F
事業所名称　CSアカウンティング株式会社
事業主氏名　代表取締役　CS　一郎

1.平成 2.令和　300521
電話番号（※ハイフン除く）　0359083585

様式番号　601368

「療養担当者記入用」は4ページに続きます。

健康保険 傷病手当金 支給申請書

療養担当者記入用 (4/4)

患者氏名: CS 太郎

傷病名		初診日（療養の給付開始年月日）	
(1)	胃潰瘍	(1)	1.平成 30 04 22
(2)		(2)	
(3)		(3)	

発病または負傷の年月日: 1.平成 30 04 22 ☑発病 □負傷

労務不能と認めた期間: 1.平成 30 04 22 から 1.平成 30 05 12 まで 21日間

発病または負傷の原因: 不詳

うち入院期間: 1.平成 30 04 22 から 1.平成 30 05 06 まで 15日間入院

療養費用の別: ☑健保 □公費（　） □自費 □その他

転帰: ☑治癒 □中止 □繰越 □転医

診療実日数（入院期間を含む）: 16日

診療日及び入院していた日を○で囲んでください。
- 04月: 22, 23, 24, 25, 26, 27, 28, 29, 30
- 05月: ①②③④⑤⑥ 12

上記の期間中における「主たる症状および経過」「治療内容、検査結果、療養指導」等（詳しく）:
急激な胃痛の訴えを受け、検査したところ胃潰瘍が認められ入院治療

手術年月日:

退院年月日: 1.令和 30 05 06

症状経過からみて従来の職種について労務不能と認められた医学的な所見:
入院治療の経過は良好であるが、自宅療養が必要と判断した

人工透析を実施または人工臓器を装着したとき:
人工臓器等の種類: □人工肛門 □人工関節 □人工骨頭 □心臓ペースメーカー □人工透析 □その他（　）

上記のとおり相違ありません。
- 医療機関の所在地: 161-××××
- 医療機関の名称: 新宿区西新宿○-○
- 医師の氏名: ○○総合病院　保険 三郎　㊞
- 電話番号: 03×××××××△
- 日付: 1.平成 30 05 12

様式番号: 601467

全国健康保険協会 協会けんぽ

第4章　60歳以上の社員が在職中の手続き

3……労災と事業主の義務―老齢に対する事業主の健康管理と労災の関係等

　60歳以上の社員は高齢になるにつれて、一般的には健康上のリスクや転倒、転落事故などの労働災害のリスクが高まります。会社には、社員の安全や健康を配慮する義務（安全配慮義務）があるため、事前に健康面のリスクや労働災害などの防止策を検討する必要があります。

　本項では、労働災害の防止策として、適切な労働時間の管理や健康診断管理、長時間労働に対する面接指導などについて説明します。

1 安全配慮義務

　労働契約法5条に「使用者は、労働契約に伴い、労働者がその生命、身体等の安全を確保しつつ労働することができるよう、必要な配慮をするものとする」と定めています。

　近年、安全配慮義務違反として、長時間労働による過労死や精神疾患による自殺なども、労働災害とする判例が出ており、損害賠償を請求されるケースも増えています。

2 災害補償責任について

　労働基準法では労働者が業務上の負傷、疾病、傷害または死亡に対し、使用者が負う災害補償について定めています（労基法75～80）。

　この災害補償の大部分は原則として労災保険の給付の適用を受けることになるため、労災保険の給付が行われる場合には、労働基準法上の災害補償は免除されるということになります。ただし、労災によって労働者が休業する場合、休業の初日から3日までの待期期間については、労災の給付対象ではないため、労働基準法76条に基づく休業補償（平均賃金の60％を支払う）を行う必要があります。

　また、災害補償は民法上の損害賠償とは異なり、上記の労働基準法に基づく補償が行われたときは、その価額分は民法による損害賠償の責を免れることが労働基準法で規定されています。

労基法　第84条

　　この法律に規定する災害補償の事由について、労働者災害補償保険法又は厚生
　労働省令で指定する法令に基づいてこの法律の災害補償に相当する給付が行なわ
　れるべきものである場合においては、使用者は、補償の責を免れる。
2　使用者は、この法律による補償を行った場合においては、同一の事由について
　は、その価額の限度において民法による損害賠償の責を免れる。

3 労働時間管理

(1) 労働時間の適切な管理

　会社は、社員の労働時間を適正に把握しなければなりません。労働時間は、原則と
してタイムカードによる記録やパソコンの使用時間（ログインからログアウトまでの
時間）の記録など客観的な方法による記録が必要となります。この労働時間の記録は
3年間保存義務があります。

　2019年4月より労働者の健康管理の観点から、管理監督者やみなし労働時間制の
社員についても労働時間の状況の把握が義務化されました。

(2) 時間外労働管理

　法律上、時間外労働の上限は原則として月45時間、年360時間となり、臨時的な特
別の事情がなければこれを超えることができません。
臨時的な特別の事情があって、労使合意する場合（特別条項）でも、以下を守らなけ
ればなりません。

　・時間外労働は年720時間以内
　・時間外労働と休日労働の合計が月100時間未満
　・時間外労働と休日労働の合計について「2か月平均」「3か月平均」「4か月平均」
　　「5か月平均」「6か月平均」が全て1月当たり80時間以内
　・時間外労働が月45時間を超えることができるのは年6か月までが限度

　上記に違反した場合には、罰則（6か月以下の懲役または30万円以下の罰金）が
科せられるおそれがあります。

　2019年の法改正により、罰則付きの上限が法律に規定され、さらに臨時的な特別
の事情がある場合にも上回ることのできない上限が設けられました。この上限規制に
ついては、中小企業は2020年4月から義務となります。

(3) 長時間労働者に対する面接指導について

　長時間労働者やメンタルヘルス不調などにより、健康面に配慮が必要な社員について、医師による面接指導を行う必要があります。会社は、原則として時間外・休日労働時間が1か月80時間を超えており、かつ疲労の蓄積が認められた場合には、社員本人に通知をし、面接指導を受けるかを確認しなければなりません。

　医学的知見から過重労働は脳・心臓疾患の発症との関連性が強まると考えられており、さらに年齢が高くなるにつれ一般的に脳・心臓疾患にかかる人の割合が増加する傾向にあります。

4 健康診断管理

　会社は社員に対し、労働安全衛生法66条に基づき、医師による健康診断を1年に1回、定期的に実施する必要があります。また、社員は会社が行う健康診断を受けなければなりません。

(1) 健康診断の受診

　社員の健康状態を把握する必要があるため、社員全員が健康診断を受診するよう、働きかけを行いましょう。年齢が高くなるにつれ、疾病発症の可能性が高まる傾向にある60歳以上の社員には、必ず定期的に健康診断を受診してもらうことが大切です。

　健康の確保の大切さ、そのための健康診断の重要性などについて日頃から社員に説明しておきましょう。

(2) 健康診断結果の保存

　健康診断結果は健康診断個人票を作成し、その記録を5年間保存する必要があります。社員に万が一のことがあった場合には、過去の健康診断結果から、検査の数値や産業医の意見などを確認することがあるため、きちんと管理をしておくことが重要です。また、健康診断の結果は、社員に通知しなければなりません。

(3) 健康診断結果の報告

　常時50人以上の会社は定期健康診断結果報告書を所轄の労働基準監督署に提出する必要があります。

(4) 産業医の意見聴取

健康診断結果に異常の所見のある社員について、産業医に意見の聴取を行います。就業区分について①通常勤務可②就業制限あり③就業不可など、健康診断個人票に産業医の意見を記入してもらいます。特に、昨年と同じ検査項目で所見に異常のある社員については、改善が見られないため健康面のリスクが高まると言えます。

また、「血圧」「血糖」「心電図」等の脳・心臓疾患の発症に影響を及ぼす検査項目は年齢が高くなるにつれ所見の異常が増加傾向にありますので注意が必要です。その場合には、本人と産業医との面談を設定するなど、直接、産業医から精密検査の勧奨や健康指導を行ってもらうと良いでしょう。

＜就業区分について＞

区分	内容
通常勤務可	通常の勤務が可能である。
就業制限あり	就業上の配慮があれば、勤務可能である。 労働時間の短縮、時間外労働の制限、軽作業への転換などの措置が必要。
就業不可	勤務ができないため、休む必要がある。 休暇や休職などの手続きが必要。

産業医の選任義務のない常時50人未満の会社でも、社員の健康については、医学に関する知識を有する医師等による健康管理を行うように努める必要があります（産業医）。健康管理については、医学的な専門知識なども必要となるため、登録産業医のいる地域産業保健センター等を活用すると良いでしょう。

(5) 労災保険の二次健康診断等給付制度

一般定期健康診断等の結果、脳・心臓疾患に関連する項目（血圧検査、血中脂質検査、血糖検査、腹囲の検査又はＢＭＩの測定）全てについて、異常の所見があると診断された場合は、労災病院および労働局長が指定する健診給付病院等において、労災保険制度による二次健康診断と特定保健指導に関する給付制度を利用することができます。

(6) 就業上の措置の実施

産業医の意見をもとに、必要があると認められるときは、就業上の措置を実施しなればなりません。社員の実情を考慮し、就業の可否や身体の状況に応じて就業時間帯を調整できるように配慮したり、作業負荷の高い作業は軽作業を間に入れるなど、労

働時間の短縮や作業の転換などの就業上の措置を実施します。実施前に社員本人や社員の上司からも、個別にヒアリングをして、相互にとってより良い措置を検討し、実施していくと良いでしょう。

（7）ストレスチェック

1年以内ごとに1回定期的に心理的な負担の程度を把握するための検査（ストレスチェック）をおこなわなければなりません。心理的な負担の程度が高く、社員本人が申し出たときは医師による面接指導を行う必要があります。健康診断の面接同様、産業医の意見をもとに就業上の措置が必要な場合には措置を実施します。

2019年4月の法改正により、健康情報（面接指導や健康診断の結果など）の取扱いについては労使の協議により、各種情報を取り扱う目的、方法、権限等について取扱規程に定め、労働者に周知する必要があります。

また、取扱規程は、健康情報について社員全員に適用されるルールを定めるもので、その実効性の確保や社員への周知を図るうえで、就業規則に記載することが望ましいとされています。

5 労働災害（労災）の防止

60歳以上の社員は、一般的にこれまで培ってきた技術や豊富な知識、コミュニケーション能力が高いなどの特徴があります。その一方、年齢が高くなるにつれ身体能力の低下や衰えにより、労災にあう確率も高くなり、労災にあった場合には重症化する傾向にあります。会社としては、その高い能力を活かしつつ、60歳以上の社員の労働災害を防止することは重要な課題です。

（1）中高年労働者等についての配慮

労働安全衛生法62条に「事業者は、中高年齢者その他労働災害の防止上その就業に当たって特に配慮を必要とする者については、これらの者の心身の条件に応じて適正な配置を行なうように努めなければならない」と定めています。これは労働災害防止の観点から、会社に適正な職場への配置などを促すものです。

（2）労働災害防止策

年齢が高くなるにつれ低下した身体能力に配慮した作業方法や作業環境となっているか、また、高年齢者に多い災害事例や身体の特性等を考慮し、災害防止策を検討し

改善を図る必要があります。なお、東京労働局のホームページには、以下のような対策が挙げられています。

① 墜落・転落防止対策

② 転倒防止対策

③ 重量物取扱い方法の改善

④ 作業姿勢の改善

⑤ 視聴覚機能の補助

また、高年齢者の労働災害防止のため、管理体制の整備や安全衛生教育を実施していくことが重要です。

① 安全衛生管理組織、管理規程、作業手順書等の改善

② 安全衛生教育の実施

③ 高年齢者の技能・知識を活かす職務への配置

④ 過重労働による健康障害防止

労働安全衛生法では、産業医は原則月1回、衛生管理者は週1回の職場巡視を義務付けています。職場を巡視することで業務の内容について理解を深めることや実際の作業環境を確認することで安全衛生上の問題点に早めに気づくことが可能となります。問題点は、安全衛生委員会や衛生委員会で情報の共有化を図り、災害防止策の検討や改善策を話し合い実施していきましょう。

Topic

5

60歳以上の社員が介護休業する場合

　内閣府の高年齢白書によると家族の介護や看護を理由とした離職者数は1年間に約9.91万人存在しており、今後も離職者が増加することが懸念されています。会社では家族を介護している社員を把握しにくく事前の対策が難しいことや社員は介護で悩みがあっても会社に相談しづらいこと、また介護制度がわかりにくい点も退職を選択する理由となるようです。

　また、要介護者等と同居している主な介護者の年齢について、男性では70.1％、女性では69.9％が60歳以上であり、いわゆる「老老介護」のケースも相当数存在しています。60歳以上の社員については、両親や配偶者、兄弟姉妹など、老老介護になることも想定されますので、介護休業制度を上手く活用していくなどの対策が必要になります。

　本項では、介護休業制度や介護休業給付金の手続きについて説明します。

1……介護に関する事前の取り組み

　介護に直面する社員が生じる前から介護離職を予防するための対策をおこなうことで、実際に社員が介護に直面した場合に上司や職場の同僚の協力を得ながら、円滑な両立支援を進めることができます。

(1) 社員の仕事と介護の両立に関する実態の把握

　社員が抱えている介護の有無、社内の介護休業制度や公的な介護保険制度の理解度などのアンケートやヒアリングを社内で実施し現状を把握するとよいでしょう。

(2) 社内の介護休業制度の設計や見直し

　介護は、社員誰にでも突然起こり得ることであり、そしていつまで続くのか分からないものです。そのため、例えば必要に応じて介護休業を取得できたり、出退勤時間の調整や勤務時間の短縮など各社員の状況に合わせた柔軟な対応で持続可能な両立方法を検討する必要があります。

　また、現行の社内の介護休業制度が法定の基準を満たしているか、制度の趣旨や内容が社員に周知されているか、利用する際の届出方法などがわかりやすいかなども併せて確認をしましょう。

　社員が介護に直面した際に退職を選択することがないように対策を進めていきましょう。

2……介護休業制度

(1) 介護休業とは

　社員がその要介護状態にある対象家族を介護するためにする休業をいい、育児休業、介護休業等育児又は家族介護を行う労働者の福祉に関する法律（育児介護休業法）で定めています。対象家族は配偶者、父母、子、配偶者の父母 祖父母、兄弟姉妹及び孫になります。介護休業で休業できる期間は、対象家族１人につき、通算93日まで（３回まで分割可能）となります。

　また、要介護状態にある対象家族の介護や世話をする社員が、会社に申し出た場合には、１年間に５日を限度として、介護休暇を取得させなければなりません。介護休暇は、１日単位または半日単位で取得することができます。

　他に所定外労働の免除（残業の免除）、時間外労働・深夜業の制限や選択的措置義務として、所定労働時間の短縮等の措置などもあります。

　育児介護休業法でいう要介護状態とは、負傷、疾病又は身体上もしくは精神上の障害により、２週間以上の期間にわたり常時介護を必要とする状態をいいます。

(2) 介護保険法とは

　介護に関連する法律に介護保険法があります。この介護保険法では、寝たきりや認知症等で常時介護を必要とする状態（要介護状態）になった場合や、家事や身支度等の日常生活に支援が必要な状態（要支援状態）になった場合に、介護保険サービスを

受けることができます。

　この要介護状態や要支援状態にあるかどうかの判定を行うのが要介護認定であり、市町村の介護認定審査会において判定されます。

　支援を受けたい場合には、要介護者の住所地の介護相談窓口や地域包括センターのケアマネジャーへ相談すると良いでしょう。

3……介護休業給付金（雇用保険法61条の6）

　この介護休業給付は、配偶者や父母、子等の対象家族を介護するため、介護休業を取得した社員に支給される給付金です。社員の賃金が、休業開始時点での賃金と比較して、80％未満に低下した場合に、ハローワークへ申請することにより、給付金として最大67％が支給される制度です。

(1) 受給資格要件

① 　家族を介護するために介護休業した雇用保険の被保険者であること。

② 　介護休業を開始した日の2年間に賃金支払基礎日数が11日以上ある完全月が通算して12か月以上あること。

※ 　被保険者とは、一般被保険者および高年齢被保険者（65歳以上の被保険者）になります。

　介護休業給付金は、下記①②を満たす介護休業について、同一の対象家族について、93日を限度に3回までに限り支給されます。

① 　負傷、疾病または身体上もしくは精神上の障害により、2週間以上にわたり常時介護を必要とする家族を介護するためのものであること。対象家族は配偶者（事実上の婚姻関係含む）、父母（養父母含む）、子（養子含む）、配偶者の父母、被保険者の祖父母、兄弟姉妹、孫。

② 　被保険者が、介護休業期間（末日と初日）を会社に申し出をし、実際に介護休業を取得していること。

(2) 支給要件

① 　支給単位期間の初日から末日まで継続して被保険者資格を有していること。

② 　支給単位期間に、就業していると認められる日数が10日以下であること。

③ 　支給単位期間に支給された賃金額が、休業開始時の賃金月額の 80％未満であ

ること

※　支給単位期間とは介護休業開始日から起算して1か月ごとに区切った期間となります。

1回の介護休業期間は最長3ヶ月となるため、最大で3支給単位期間の支給となります。

（例）介護休業の開始日　8/10の場合（3ヶ月継続）

その1　支給単位期間　8/10～9/9　：支給日数　30日　｜
その2　支給単位期間　9/10～10/9　：支給日数　30日　｝　支給日数計91日
その3　支給単位期間　10/10～11/9：支給日数　31日　｜

※　その1、その2支給単位期間は、暦日数ではなく、支給日数は30日となります。その3支給単位期間は暦日数31日が支給日数となります。

※　11/10以降も引き続き介護休業を取得している場合には、11/10・11の2日分を新たに申請します。また、3ヶ月を経過する前に介護休業を終了した場合には、介護休業を終了した日までの支給となります。この場合支給日数93日を限度に3回までに限り支給対象となります。

(3) 申請手続き

提出書類：介護休業給付金支給申請書、雇用保険被保険者休業開始時賃金月額証明書
　　　　　（介護）

提出先：会社管轄の公共職業安定所（ハローワーク）

提出期限：各介護休業終了日（介護休業期間が3カ月以上にわたるときは介護休業開
　　　　　始日から3カ月を経過した日）の翌日から起算して2カ月を経過する日の
　　　　　属する月の末日まで

添付資料：

・賃金台帳、出勤簿（タイムカード）、労働者名簿、雇用契約書など

・本人が事業主に提出した介護休業申出書

・介護対象家族の氏名・性別・生年月日および被保険者との続柄がわかる書類の写し
　（住民記載事項証明書など）

・本人名義の通帳の写し

※　払渡希望金融機関指定届の金融機関による確認印欄に金融機関の確認印を受けた場合には通帳の写しは不要です。

様式第33号の6（第101条の19関係）（第1面）

介護休業給付金支給申請書
（必ず第2面の注意書きをよく読んでから記入してください。）

帳票種別 `1 5 6 0 1`

1. 介護休業被保険者の個人番号 `1 2 3 4 5 6 7 8 9 1 2 3`

2. 被保険者番号 `1 1 1 1 - 1 2 3 4 5 6 - 7`

3. 資格取得年月日 `3 - 6 1 0 4 0 1`（3 昭和 4 平成 5 令和）

4. 事業所番号 `0 0 0 0 - 1 2 3 4 5 6 - 7`

5. 姓（漢字）`C S`

6. 名（漢字）`太 郎`

7. 介護休業開始年月日 `5 - 0 1 0 9 0 1`

8. 介護対象家族の個人番号 `2 3 4 5 6 7 8 9 0 0 0 0`

9. 介護対象家族の姓（カタカナ）`シ エ ス`

10. 介護対象家族の名（カタカナ）`ハ ナ コ`

11. 介護対象家族の性別 `2`（1 男 2 女）

12. 介護対象家族の続柄 `2`（1 配偶者 2 父母 3 子 4 配偶者の父母 5 祖父母 6 兄弟姉妹 7 孫）

13. 介護対象家族の姓（漢字）`C S`

14. 介護対象家族の名（漢字）`花 子`

15. 介護対象家族の生年月日 `3 - 1 1 0 1 0 1`（元号 1 明治 4 平成 2 大正 5 令和 3 昭和）

16. 支給対象期間その1（初日）`5 - 0 1 0 9 0 1`（末日）`- 0 9 3 0`

17. 全日休業日数 `3 0`

18. 支払われた賃金額 `0`

19. 支給対象期間その2（初日）`5 - 0 1 1 0 0 1`（末日）`- 1 0 3 1`

20. 全日休業日数 `3 1`

21. 支払われた賃金額 `0`

22. 支給対象期間その3（初日）`5 - 0 1 1 1 0 1`（末日）`- 1 1 3 0`

23. 全日休業日数 `3 0`

24. 支払われた賃金額 `0`

25. 介護休業終了年月日（介護休業期間が93日未満のとき記入）

26. 終了事由（1 職場復帰 2 休業事由の消滅）

※公共職業安定所記載欄

27. 賃金月額（区分1日額又は総額）（1 日額 2 総額）円

28. 同一対象家族に係る介護休業開始年月日

29. 期間雇用者の継続雇用の見込み

30. 支払区分

31. 金融機関・店舗コード

口座番号

32. 未支給区分（空欄 未支給以外 1 未支給）

33. 処理区分（空欄 一括処理 1 否認（期間）2 否認（対象家族）3 資格確認のみ 4 支給のみ 5 否認（93日超）6 否認（取得回数））

34. 特殊事項（1 チェック不要 2 再計算（他の休業の終了）3 再確認（被保険者資格再取得済））

上記被保険者が介護休業を取得し、上記の記載事実に誤りがないことを証明します。

令和 元 年 12 月 10 日

事業所名（所在地・電話番号）東京都新宿区西新宿1-25-1 03-5908-3421
事業主氏名 CSアカウンティング株式会社 代表取締役 CS一郎 事業主印

雇用保険法施行規則第101条の19の規定により、上記のとおり介護休業給付金の支給を申請します。

令和 元 年 12 月 10 日

公共職業安定所長 殿

住所 東京都新宿区○-○-○
フリガナ シーエスタロウ
申請者氏名 CS太郎 CS印

払渡希望金融機関指定届	払渡希望金融機関	フリガナ	○○	○○	金融機関コード	店舗コード	金融機関による確認印
		名称 銀行等（ゆうちょ銀行以外）	○○銀行	○○支店		0 0 0	銀行印
		口座番号（普通）	1234567				
	ゆうちょ銀行	記号番号（総合）	-				

◆ 金融機関へのお願い

雇用保険の失業等給付を受給者の金融機関口座へ迅速かつ正確に振り込むため、次のことについて御協力をお願いします。
1. 上記の記載事項のうち「申請者氏名」欄、「名称」欄及び「銀行等（ゆうちょ銀行以外）」の「口座番号」欄（「ゆうちょ銀行」の「記号番号」欄）を確認した上、
   金融機関による確認印欄に賃金融機関認印を押印してください（ゆうちょ銀行の場合を除く。）。
2. 金融機関コード及び店舗コードを記入してください（ゆうちょ銀行の場合を除く。）。

備考

賃金締切日 20 日
賃金支払日 当月・翌月 末日
通勤手当 有（毎月・3か月・6か月）・無

※処理欄

支給決定年月日	令和 年 月 日	
支給決定額		円
不支給理由		
通知年月日	令和 年 月 日	

社会保険労務士記載欄	作成年月日・提出代行者・事務代理者の表示	氏 名	印	電話番号

※ 所長 次長 課長 係長 係 操作者

2019.5

様式第10号の2

雇用保険被保険者　**休業開始時賃金月額証明書**／**所定労働時間短縮開始時賃金証明書**　（安定所提出用）（育児・介護）

①被保険者番号	1111-123456-7	③フリガナ	シーエス　タロウ	④休業等を開始した日の年月日	年 元	月 9	日 1
②事業所番号	0000-123456-7	休業等を開始した者の氏名	CS 太郎		令和		

⑤名称	CSアカウンティング株式会社	⑥休業等を開始した者の住所又は居所	〒163-○○○○ 東京都新宿区○-○-○
事業所所在地	東京都新宿区1-25-1 新宿センタービル31F		
電話番号	03-5908-3421		電話番号（ ○○ ）○○○○-○○○○

この証明書の記載は、事実に相違ないことを証明します。

事業主印

住所　東京都新宿区1-25-1 新宿センタービル31F
事業主
氏名　CSアカウンティング株式会社
　　　代表取締役　CS一郎　（事業主）

自筆による署名又は記名押印の場合は、休業等を開始した者

CS

休業等を開始した日前の賃金支払状況等

⑦休業等を開始した日の前日に離職したとみなした場合の被保険者期間算定対象期間	⑧⑦の期間における賃金支払基礎日数	⑨賃金支払対象期間	⑩⑨の基礎日数	⑪賃金額 Ⓐ	Ⓑ	計	⑫備考
休業等を開始した日 9月1日							
8月1日～休業等を開始した日の前日	31日	8月21日～休業等を開始した日の前日	9日	103,500			
7月1日～ 7月31日	31日	7月21日～ 8月20日	31日	230,000			
6月1日～ 6月30日	30日	6月21日～ 7月20日	30日	230,000			
5月1日～ 5月31日	31日	5月21日～ 6月20日	31日	230,000			
4月1日～ 4月30日	30日	4月21日～ 5月20日	30日	230,000			
3月1日～ 3月31日	31日	3月21日～ 4月20日	31日	230,000			
2月1日～ 2月28日	28日	2月21日～ 3月20日	28日	230,000			
1月1日～ 1月31日	31日	1月21日～ 2月20日	31日	230,000			
12月1日～ 12月31日	31日	12月21日～ 1月20日	31日	230,000			
11月1日～ 11月30日	30日	11月21日～ 12月20日	30日	230,000			
10月1日～ 10月31日	31日	10月21日～ 11月20日	30日	230,000			
9月1日～ 9月30日	30日	9月21日～ 10月20日	30日	230,000			
8月1日～ 8月31日	31日	8月21日～ 9月20日	30日	230,000			
月 日～ 月 日	日	月 日～ 月 日	日				
月 日～ 月 日	日	月 日～ 月 日	日				
月 日～ 月 日	日	月 日～ 月 日	日				

⑬賃金に関する特記事項	休業開始時賃金月額証明書／所定労働時間短縮開始時賃金証明書　受理 平成　年　月　日 （受理番号　　　号）

⑭（休業開始時における）雇用期間　　イ定めなし　　ロ定めあり→平成　年　月　日まで（休業開始日を含めて　年　カ月）

※公共職業安定所記載欄

雇用保険法施行規則第14条の4第1項の規定により被保険者の育児又は介護のための休業又は所定労働時間短縮開始時の賃金の届出を行う場合は、当該賃金の支払の状況を明らかにする書類を添えて下さい。
本手続は電子申請による申請も可能です。なお、本手続について、電子申請により行う場合には、被保険者が休業開始時賃金月額証明書／所定労働時間短縮開始時賃金証明書の内容について確認したことを証明することができるものを本休業開始時賃金月額証明書／所定労働時間短縮開始時賃金証明書の提出と併せて送信することをもって、当該被保険者の電子署名に代えることができます。また、本手続について、社会保険労務士が電子申請により本届書の提出に関する手続を事業主に代わって行う場合には、当該社会保険労務士が当該事業主の提出代行者であることを証明することができるものを本届書の提出と併せて送信することをもって、当該事業主の電子署名に代えることができます。

社会保険労務士記載欄	作成年月日・提出代行者・事務代理者の表示	氏名	電話番号		賃金月額証明書等受領印		※	所長	次長	課長	係長	係
		㊞										

(49) 30.4

第4章　60歳以上の社員が在職中の手続き

153

【第5章】

60歳以上の社員が
退職する際の手続き

Topic

1

60歳以上の社員が退職する場合に
会社が行う手続き

1……社会保険手続き

　60歳以上の社員が退職した場合、一般退職と同様に被保険者資格喪失届を提出します。注意が必要なのが70歳以上の社員が退職する場合です。70歳に到達すると厚生年金の被保険者資格は喪失し、給与から厚生年金保険料の控除をしなくなっていますが、70歳以上被用者不該当届を提出する必要があります。現在は資格喪失届と同一のフォームとなっており、⑧70歳不該当のチェックボックスにチェックを入れます。特に社員が75歳以上の場合には、健康保険の資格も喪失しており届出不要と勘違いする可能性があります。以下の記載例を参考にご記入の上、忘れずご提出下さい。

提出書類：被保険者資格喪失届
提出先：健康保険組合（75歳未満で健康保険の被保険者である場合のみ）、事務セン
　　　　ター（もしくは管轄年金事務所）
提出期限：退職後5日以内

| 様式コード 2 2 0 1 | 健康保険 厚生年金保険 厚生年金保険 | 被保険者資格喪失届 70歳以上被用者不該当届 |

令和 1 年 7 月 1 日提出

提出者記入欄

事業所整理記号 00-0000 事業所番号 00000

届書記入の個人番号に誤りがないことを確認しました。

事業所所在地 〒163-0631 新宿区西新宿1-25-1 新宿センタービル31階

事業所名称 CSアカウンティング株式会社

事業主氏名 CS 一郎 ㊞

電話番号 03（ 5908 ）3423

在職中に70歳に到達された方の厚生年金保険被保険者喪失届は、この用紙ではなく『70歳到達届』を提出してください。

受付印

社会保険労務士記載欄 氏名等 ㊞

被保険者1

① 被保険者整理番号 1

② 氏名 （フリガナ）シーエス タロウ （氏）CS （名）太郎

③ 生年月日 5.昭和 7.平成 9.令和 2 1 0 6 1 1

④ 個人番号[基礎年金番号] 1 2 3 4 5 6 7 8 9 1 2 3

⑤ 喪失年月日 9.令和 0 1 0 7 0 1

⑥ 喪失原因 （退職等（令和 1 年 6 月 30 日退職等）

70歳以上被用者不該当にチェックを入れ、退職日を記載します

⑦ 備考 該当する項目を〇で囲んでください。
1. 二以上事業所勤務者の喪失 3. その他
2. 退職後の継続再雇用者の喪失 [ ]

保険証回収 添付 1 枚 返不能 ____ 枚

⑧ 70歳不該当 ☑ 70歳以上被用者不該当（退職日または死亡日を記入してください）

不該当年月日 9.令和 0 1 0 6 3 0

被保険者2

① 被保険者整理番号

② 氏名 （フリガナ） （氏） （名）

③ 生年月日 5.昭和 7.平成 9.令和 年 月 日

④ 個人番号[基礎年金番号]

⑤ 喪失年月日 9.令和 年 月 日

⑥ 喪失原因 4. 退職等（令和 年 月 日退職等） 5. 死亡（令和 年 月 日死亡） 7. 75歳到達（健康保険のみ喪失） 9. 障害認定（健康保険のみ喪失）

⑦ 備考 該当する項目を〇で囲んでください。
1. 二以上事業所勤務者の喪失 3. その他
2. 退職後の継続再雇用者の喪失 [ ]

保険証回収 添付 ____ 枚 返不能 ____ 枚

⑧ 70歳不該当 □ 70歳以上被用者不該当（退職日または死亡日を記入してください）

不該当年月日 9.令和

被保険者3

① 被保険者整理番号

② 氏名 （フリガナ） （氏） （名）

③ 生年月日 5.昭和 7.平成 9.令和 年 月 日

④ 個人番号[基礎年金番号]

⑤ 喪失年月日 9.令和 年 月 日

⑥ 喪失原因 4. 退職等（令和 年 月 日退職等） 5. 死亡（令和 年 月 日死亡） 7. 75歳到達（健康保険のみ喪失） 9. 障害認定（健康保険のみ喪失）

⑦ 備考 該当する項目を〇で囲んでください。
1. 二以上事業所勤務者の喪失 3. その他
2. 退職後の継続再雇用者の喪失 [ ]

保険証回収 添付 ____ 枚 返不能 ____ 枚

⑧ 70歳不該当 □ 70歳以上被用者不該当（退職日または死亡日を記入してください）

不該当年月日 9.令和

被保険者4

① 被保険者整理番号

② 氏名 （フリガナ） （氏） （名）

③ 生年月日 5.昭和 7.平成 9.令和 年 月 日

④ 個人番号[基礎年金番号]

⑤ 喪失年月日 9.令和 年 月 日

⑥ 喪失原因 4. 退職等（令和 年 月 日退職等） 5. 死亡（令和 年 月 日死亡） 7. 75歳到達（健康保険のみ喪失） 9. 障害認定（健康保険のみ喪失）

⑦ 備考 該当する項目を〇で囲んでください。
1. 二以上事業所勤務者の喪失 3. その他
2. 退職後の継続再雇用者の喪失 [ ]

保険証回収 添付 ____ 枚 返不能 ____ 枚

⑧ 70歳不該当 □ 70歳以上被用者不該当（退職日または死亡日を記入してください）

不該当年月日 9.令和

第5章 60歳以上の社員が退職する際の手続き

2……雇用保険手続きと失業給付制度の概要

1 失業給付制度の概要

　一般的な失業給付の受給の流れは下図の通りです。待期とは離職理由に関わらず、離職票の提出と求職の申込みを行ってから通算7日は支給されない期間であり、給付制限とは離職理由によって更に失業給付の受給を待たなければならない期間です。

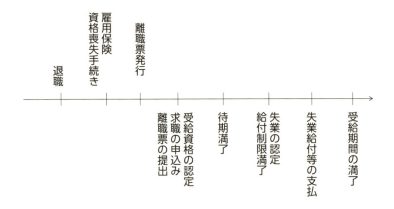

　失業給付は退職する社員が65歳未満である場合と65歳以上である場合で大きく異なります。64歳未満の場合は基本手当が、65歳以上の場合は高年齢求職者給付金が支給されます。それぞれの特徴は下表の通りです。

	基本手当	高年齢求職者給付金
対象者	65歳未満	65歳以上
受給資格要件	①離職による被保険者資格喪失の確認を受けたこと ②労働の意思及び能力を有するにも関わらず職業に就くことができない状態にあること ③原則として、離職の日以前2年間に被保険者期間（※1）が通算して12箇月以上あること（※2）	①離職による被保険者喪失の確認を受けたこと ②労働の意思及び能力を有するにも関わらず職業に就くことができない状態にあること ③原則として、離職の日以前1年間に被保険者期間が通算して6箇月以上あること

受給手続き	①求職の申込み ②受給資格の決定 ③失業の認定	
受給期間 （※3）	①原則：離職の日の翌日から起算して1年 ②基準日において45歳以上65歳未満で被保険者期間が1年以上の就職困難な特定受給資格者：基準日の翌日から起算して1年60日 ③基準日において45歳以上60歳未満で被保険者期間が20年以上の特定受給資格者：基準日の翌日から起算して1年30日	離職の日の翌日から起算して1年
給付日数	90日～360日 ※年齢、障害の有無及び離職理由により異なる	30日（被保険者期間が1年未満の場合）又は50日（被保険者期間が1年以上の場合）
支給額	給付日数を上限として失業の認定を受けた日分を4週に1回支給	基本手当日額（※4）×30日又は50日を一括支給
給付制限	定年、解雇、契約期間満了の場合：なし 自己都合、懲戒解雇の場合：3箇月	
待期	離職後最初にハローワークに出頭し求職の申し込みをした日以後、失業している日が通算7日に満たない間は支給されない	

（※1）算定対象期間のうち、賃金支払い日数が11日以上である月

（※2）特定受給資格者（倒産・解雇等による離職の場合）又は特定理由離職者（期間の定めのある労働契約が更新されなかったことその他やむを得ない理由による離職の場合）は離職の日以前1年間に6ヶ月以上の被保険者期間があること。

（※3）定年退職者等（①60歳以上の定年に達したことによる離職、②60歳以上の定年後の勤務延長又は再雇用の期間満了による離職者）、離職後一定期間求職の申込みをしないことを申し出ることによって、1年を限度として受給期間の延長ができる。また、疾病・負傷等の管轄公共職業安定所長がやむを得ないと認める理由により引き続き30日以上職業に就くことができない期間がある場合は、申出により期間を延長することができる。

（※4）算定対象期間において被保険者期間として計算された最後の6ヶ月間の賃金総額÷180×厚生労働省令で定める給付率（100分の45～80）

2 60歳以上の社員が退職した際の手続き

　60歳以上の社員が定年により退職した場合の手続きは次ページの通りです。資格喪失手続きが完了しないと失業給付受給の手続きができませんので、早めの手続きを

おすすめします。

(1) 60歳以上の社員が定年により退職した場合

提出書類：雇用保険被保険者資格喪失届、雇用保険被保険者離職証明書

提出先：会社管轄の公共職業安定所（ハローワーク）

提出期限：退職の翌日から起算した10日以内

添付書類：就業規則、本人が継続雇用を希望していた場合には労使協定や退職通知書など

　60歳以上の社員が定年により退職する場合には、離職理由は「2　定年によるもの」を選択します。併せて定年年齢、定年後の継続雇用の希望有無、継続雇用を希望していた場合は退職理由（a就業規則に定める解雇事由又は退職事由に該当、b平成25年3月31日以前に労使協定により定めた継続雇用制度の対象となる高年齢者に該当しない、cその他）を記載します。また、具体的理由欄には就業規則第〇条に基づき〇歳定年により退職などと記載します。

　定年退職として離職票をハローワークへ提出すると、離職コード2Eにチェックがされて戻ってきます。この場合、12ヶ月以上の被保険者期間があれば、給付制限期間がなく失業給付を受給することができます。

(2) 60歳以上の社員が定年再雇用の期間満了により退職した場合

提出書類：雇用保険被保険者資格喪失届、雇用保険被保険者離職証明書

提出先：会社管轄の公共職業安定所（ハローワーク）

提出期限：退職の翌日から起算した10日以内

添付書類：就業規則、再雇用の雇用契約書

　60歳以上の社員が再雇用契約で予め定められていた契約期間の満了により退職する場合には、離職理由は「3　労働契約期間満了等によるもの：(1) 採用又は定年後の再雇用等にあらかじめ定められた雇用期限到来による離職」を選択します。また、具体的理由欄には定年退職後、1年更新で65歳まで再雇用されることがあらかじめ定められており、65歳に達したことに伴い退職などと記載します。

　定年再雇用の期間満了による離職として離職票をハローワークへ提出すると、離職コード2Eにチェックがされて戻ってきます。この場合、給付制限期間がなく失業給付を受給することができます。

3……多数離職届

　事業規模の縮小等の事業主の都合によって従業員の離職が余儀なくされる状況となった場合には、事業主には以下の再就職支援の努力義務やハローワークへの届出の義務が課されています。

内容	対応が必要な場合	届出先・期限	根拠法令
再就職活動の援助 ※努力義務	事業規模の縮小等に伴って従業員の離職が余儀なくされる状況になった場合	従業員	労働施策総合推進法6条
再就職援助計画の認定	事業等の縮小に伴い、1か月に30人以上の労働者が離職を余儀なくされることが見込まれる場合	最初の離職が発生する1か月前までにハローワークへ	労働施策総合推進法24条
大量雇用変動の届出	自己又は自己の責めに帰すべき理由によらないで、1か月以内に30人以上の離職者が発生する場合 ※再就職援助計画の届出をしている場合は不要	最後の離職が発生する1か月前までにハローワークへ	労働施策総合推進法27条
多数離職届の届出	1か月以内に5人以上の高齢者等が解雇等により離職する場合	最後の離職が発生する1か月前までにハローワークへ	高年法16条
求職活動支援書の交付	解雇等により離職する高齢者等が再就職の支援を希望する場合	従業員	高年法17条

　今回は60歳以上の社員に関連する多数離職届及び求職活動支援書について説明します。

1 多数離職届

　同一の事業所において届け出るべき離職者の数が1か月以内に5人以上となる場合には、多数離職届を管轄ハローワークへ届け出なければなりません。この場合の1か月とは暦の上での1～末日を指すのではなく、暦に従って計算する1月を指します。また、1か月以内の期間に届け出るべき離職者が5人以上あり、既に届け出ている場合において更に離職者が発生した場合は、追加の離職者が5人以上となった場合のみ

追加の届出が必要となります。ただし、再就職援助計画の認定または大量雇用変動の届出を行っている場合は、当該届出に係る従業員については、多数離職届の人数に含める必要はありません。

　届け出るべき離職者の範囲は以下の全てに該当する従業員です。

① 　離職日において45歳以上65歳未満であること

② 　次のいずれにも該当しないこと

　　a) 　日々又は期間を定めて雇用されている者（同一の事業主に6か月以上を超えて引き続き雇用されるに至っている者を除く）

　　b) 　試みの試用期間中の者（同一事業主に14日を超えて引き続き雇用されるに至っている者を除く）

　　c) 　常時勤務に服することを要しないものとして雇用されている者

省令様式第1号

多 数 離 職 届

高年齢者等の雇用の安定等に関する法律第16条第1項の規定により、下記のとおり届けます。

新宿 公共職業安定所長　殿

令和 1 年 5 月 20 日

事業主	氏　名 (法人にあっては名称及び代表者の氏名)	ＣＳアカウンティング株式会社 代表取締役　ＣＳ 一郎		印
	住　所 (法人にあっては主たる事務所の所在地)	〒(163 —0631) 東京都新宿区西新宿1-25-1新宿センタービル31階	電話番号 03 (5908) 3423	

① 多数離職に係る事業所	④ 名　称	ＣＳアカウンティング株式会社		⑧ 事業の種類	会計・人事のアウトソーシング
	⑨ 所在地	東京都新宿区西新宿1-25-1新宿センタービル31階			
	⑨ 労働者数		200 人	⑧ ⑨のうち45歳〜64歳の者の数	50 人

② 届出の対象となる離職が生ずる年月日又は期間	1 年 6 月 21 日から 1 年 7 月 20 日まで	③ 離職者数	性　別	45歳〜54歳	55歳〜59歳	60歳〜64歳	計
			計	2 人	1 人	3 人	6 人
			男	2 人	1 人	2 人	5 人
			女	0 人	0 人	1 人	1 人

④ 氏　名	⑨ 職　種	⑨ 年齢	⑨ 性別	⑧ 離職年月日	⑨ 離職理由	⑨ 住　所	⑨ 再就職の希望の有無	⑨ 再就職先予定の有無
ＣＳ 太郎	事務	46	男	01.6.25	解雇	東京都●●	有	有
ＣＳ 二郎	事務	62	男	01.6.30	解雇	東京都●●	無	無
ＣＳ 三郎	事務	58	男	01.7.1	事業主都合	神奈川県●●	有	無
ＣＳ 四郎	営業	50	男	01.7.10	事業主都合	埼玉県●●	無	有
ＣＳ 五郎	営業	63	男	01.7.15	事業主都合	千葉県●●	有	有
ＣＳ 花子	管理	61	女	01.7.20	継続雇用基準非該当	東京都●●	無	無

記入担当者	所属部課	管理部	氏　名	ＣＳ 六郎	印

2 求職活動支援書

　事業主都合の解雇等又は継続雇用制度の対象者に該当しなかったことにより離職することとなっている高齢者等（45歳以上65歳未満）が希望するときは、その円滑な再就職を促進するため、再就職支援書を作成し交付するとともに、再就職援助担当者を選任し、ハローワークと協力して当該再就職支援書に係る高齢者等の再就職の援助に関する業務を行わせなければなりません。

　求職活動支援書の記載内容は以下の通りです。

① 　離職予定者の氏名、年齢及び性別

② 　離職予定者が離職することとなる日（決定していない場合には時期）

③ 　離職予定者の職務の経歴（従事した主な業務の内容、実務経験、業績及び達成事項を含む）

④ 　離職予定者が有する資格、免許及び受講した講習

⑤ 　離職予定者が有する技能、知識その他の職業能力に関する事項

⑥ 　職務の経歴等を明らかにする書面を作成するに当たって参考となる事項その他の再就職に関する事項

⑦ 　事業主が講ずる再就職援助の援助措置

援助措置の具体例は以下の通りです。

　a）職場体験講習の受講、資格試験の受験等求職活動のための休暇等の付与

　b）a）の休暇日等についての賃金の支給、職場体験講習等の実費相当額の支給等在職中の求職活動に対する経済的支援

　c）求人の開拓、求人情報の収集・提供、関連企業等への再就職のあっせん

　d）再就職に資する職場体験講習、カウンセリング等の実施、受講等のあっせん

　e）事業主間で連携した再就職の支援体制の整備

4……退職金について知っておきたい基礎知識

　「退職金」は、60歳以上の社員が退職後の生活設計をするにあたり重要な要素の一つであります。「退職金」と一括りにされますが、その中身は様々な制度の退職金が存在します。主な制度は以下の通りです。

　・確定給付企業年金

　・確定拠出年金

- 厚生年金基金
- 中小企業退職共済金
- 特定退職金共済
- 退職一時金（社内留保）
- 前払退職金

　各制度において税金や社会保険上の取り扱いが異なり、受け取り方の違いや積み立て方の違い、等々、各制度の特徴があります。本稿では、特に企業が採用するケースが多い「確定給付企業年金」と「確定拠出年金」について詳しく見ていきたいと思います。

1 確定給付企業年金

　確定給付企業年金法に定められている退職金です。
　確定給付企業年金は、労使の合意で比較的柔軟な制度設計が可能であり、そして将来の給付が確定されているため、受給権が保護されているという長所があります。廃止された適格退職年金制度からの移行先の１つとして活用されました。
　確定給付企業年金には以下の２種類があります。

「規約型確定給付企業年金」
　労使が合意した年金規約に基づき、企業と信託会社・生命保険会社等が契約を結び、母体企業の外で年金資金を管理・運用し、年金給付を行う企業年金

「基金型確定給付企業年金」
　母体企業とは別の法人格を持った基金を設立した上で、基金において年金資金を管理・運用し、年金給付を行う企業年金

　労使の合意に基づく年金規約を作成し、厚生労働大臣の承認（基金の場合は基金の設立認可）を受け、確定給付企業年金制度を導入することができます。

> 加入者の範囲は、一定の法的制約はあるものの規約等において会社の裁量で加入者となる条件を設けることが可能です。
> 掛金負担及び給付内容についても規約等で法的枠組みの範囲内で任意で定めることができます。確定拠出年金制度とは異なり、老後まで資金を引き出せないことはありません。一定条件のもとで退職時点一時金として受給できます。

第5章　60歳以上の社員が退職する際の手続き

懲戒解雇の場合には退職金不支給とする旨を規約等で定めることも可能です。

確定給付企業年金の中にもいくつか制度があります。
それらの内「キャッシュバランスプラン」制度とは、掛金と別に個人毎の仮想残高に資金が積み上げられ、将来の給付へは市場金利等が反映されることから、退職給付債務の増加抑制となるため、多くの企業がキャッシュバランスプランを採用していると言われています。

2 確定拠出年金

確定拠出年金法に定められている退職金です。

確定拠出年金は、拠出された掛金が個人ごとに積立され、掛金と運用損益の合算額を将来年金や一時金として受け取れる年金制度です。前述の確定給付企業年金と異なり、将来受け取る給付額が確定していないという特徴があります。元金を増やすのも減らすのも各社員が確定拠出年金制度から選択した金融商品の運用次第ということになります。

(1) 確定拠出年金の種類
確定拠出年金には以下の2種類があります。
「企業型確定拠出年金」
掛金を企業が拠出します。また規約の定めによりマッチング拠出制度が導入されている場合には、社員が事業主掛金に上乗せして、加入者掛金を拠出することができます。
「個人型確定拠出年金（iDeCo）」
掛金を加入者が拠出します。また「iDeCo＋」（イデコプラス・中小事業主掛金納付制度）を利用すると、加入者掛金に加えて事業主掛金を追加拠出することができます。

(2) 加入者の範囲
企業型確定拠出年金の加入者の範囲は、一定の法的制約はあるものの規約等において会社の裁量で加入者となる条件を設ける事が可能です。

一方、個人型確定拠出年金の加入者の範囲は一律法律で定められています。その範囲は、自営業者等（国民年金第1号被保険者）、厚生年金保険の被保険者(国民年金第

2号被保険者)及び 専業主婦（夫）等（国民年金第３号被保険者）と、ほぼ全ての国民が加入対象者となっています。但し、国民年金保険料納付免除者や、企業型年金加入者においては、企業年金規約において個人型年金への加入が認められていない方は加入できない等、対象外となる方が一部存在します。

(3) 掛金の負担

　掛金負担は、企業型確定拠出年金であれば規約等で定めているルールに則って決定されます。

　個人型確定拠出年金であれば加入者自身が決定します。

　イデコプラス（中小事業主掛金納付制度）であれば中小事業主掛金として定額を定めます。但し、資格に応じて額を階層化することは可能とされています。給付内容は老齢給付金、障害給付金、死亡一時金、脱退一時金があります。

(4) その他の主要な退職金

　最後に、その他の主要な退職金について簡単に触れたいと思います。

　（イ）厚生年金基金

　2014年４月１日以降の新規設立は認められていません。現在存続する厚生年金基金は順次解散又は他の退職金制度へ移行することとされています。厚生年金保険の一部を代行しているという特徴があります。

　（ロ）中小企業退職共済金

　中小企業のための退職金制度であり、加入できる企業が中小企業に限られます。

　会社が実施機関である「独立行政法人勤労者退職金共済機構・中小企業退職金共済事業本部（中退共）」と退職金共済契約を結び、毎月の掛金を金融機関に納付し、社員の退職時に中退共から退職金が支払われます。

　会社としては定年退職を控えた社員に対して、一定の時期に退職金制度内容を説明することで、社員は退職金受取時期や受取方法（一時金又は年金）が把握でき、社員自ら定年退職後の生活設計を検討するきっかけづくりをしてもらうことが必要ではないでしょうか。

5……退職金支給時の税務上の手続き

1 退職金に関する税金の取扱い

　退職所得は、原則として他の所得と分離して所得税額を計算しますので、確定申告を行う必要がありません。

　退職金支給時に、当該退職金を受領する社員が「退職所得の受給に関する申告書」の提出を行い、会社は源泉徴収税額を計算します。一方、「退職所得の受給に関する申告書」の提出がなかった人については、退職金等の支払金額の20.42％の所得税額及び復興特別所得税額が源泉徴収されますが、受給者本人が確定申告により所得税額及び復興特別所得税額の精算を行う必要があります。

　会社は退職金から源泉徴収した所得税（又は住民税）を翌月10日までに税務署（住民税の場合には市区町村）へ納付する必要があります。

労働基準法第20条《解雇の予告》の規定により使用者が予告をしないで解雇する場合に支払う予告手当は、退職手当に該当します（昭63直法6－1、直所3－1改正）

2 「退職所得の受給に関する申告書」の提出を受けている場合の手続き

(1) 退職所得の源泉徴収税額の計算

　①　退職する人の勤続年数を計算します。

　勤続年数とは、原則として入社日から退職日まで引き続き勤務した期間（以下「勤続期間」といいます。）の年数（勤続期間に1年に満たない端数があるときは1年に切り上げます。）です。

　②　①で計算した勤続年数に応じて、次の表により退職所得控除額を計算します。
【退職所得控除額の計算の表】

勤続年数（＝A）	退職所得控除額
20年以下	40万円×A
20年超	800万円＋70万円×（A－20年）

　計算した退職所得控除額が80万円未満である場合には、退職所得控除額は80万円

となります。よって勤続１年未満の方の退職所得控除額は80万円となります。

③　退職手当等の支給額から②で計算した退職所得控除額を控除した残額を２分の
　１にした額（1,000円未満の端数は切り捨てます。）が課税退職所得金額となり
　ます。ただし、役員等としての勤続年数が５年以下の者（以下「特定役員等」と
　いいます。）が、その役員等勤続年数に対応する退職手当等として支払を受ける
　ものについては、この残額の２分の１とする措置はありません。

④　③の課税退職所得金額に応じて、「退職所得の源泉徴収税額の速算表」の「税額」
　欄の算式に従い計算した額が、源泉徴収する所得税額になります。（１円未満の
　端数は切り捨てます。）

住民税に関しては一律10％（市町村民税６％・都道府県民税４％）が源泉徴収す
る住民税額になります（１円未満の端数は切り捨てます。）。

退職所得の源泉徴収税額の速算表

課税退職所得金額 (A)	所得税率 (B)	控除額 (C)	税額＝((A)×(B)−(C))×102.1%
195万円以下	5%	0円	((A)×5%)×102.1%
195万円を超え 330万円以下	10%	97,500円	((A)×10%−97,500円)×102.1%
330万円を超え 695万円以下	20%	427,500円	((A)×20%−427,500円)×102.1%
695万円を超え 900万円以下	23%	636,000円	((A)×23%−636,000円)×102.1%
900万円を超え 1,800万円以下	33%	1,536,000円	((A)×33%−1,536,000円)×102.1%
1,800万円を超え 4,000万円以下	40%	2,796,000円	((A)×40%−2,796,000円)×102.1%
4,000万円超	45%	4,796,000円	((A)×45%−4,796,000円)×102.1%

2019年４月１日現在

実際に計算してみましょう。

CS花子さん、入社日2019/5/1　退職日2019/10/31、退職金100万円

（1）　勤続年数１年

　　０年６ヵ月なので１年未満の端数を切上げ１年となります

（2）　退職所得控除額80万円

　　退職所得控除額として計算した額が80万円未満である為、退職所得控除額は80
　万円

(3) 課税退職所得金額10万円

(退職手当100万円－退職所得控除額80万円)÷ 2 ＝10万円
(4) 所得税5,105円

10万円× 5 ％×102.1％＝5,105円

住民税10,000円（市町村民税6,000円・都道府県民税4,000円）

10万円× 6 ％＝6,000円

10万円× 4 ％＝4,000円
(5) 退職金手取額　984,895円

総支給額1,000,000円－源泉徴収税額15,105円＝差引支給額984,895円

原則、退職金は雇用保険料や社会保険料の徴収対象外となります。

(2) 退職所得申告書

次に「退職所得申告書」についてご説明します。

退職手当を受給する社員が退職所得申告書を記載の上、退職手当の支払者へ提出します。

(イ) A欄②退職の区分等

在籍中に障害者となったことに直接起因して退職した人は「障害」を○で囲み、()内に障害の状態、身体障害者手帳等の交付年月日等を記載します。その他の人は「一般」を○で囲みます。

(ロ) A欄③勤続期間

勤続期間は、原則としてその支払者のもとで引続き勤務した期間となります。

年数は 1 年未満の端数切り上げた勤続年数を記載します。

特定役員等とは、役員等勤続年数が 5 年以下である者をいいますが、この「役員等」とは、次に掲げる人をいいます。その特定役員等勤続期間の有無のいずれかを○で囲みます。有の場合は、その年数を記載し、さらに一般勤続期間との重複期間の有無及び有の場合、その年数を記載します。

  1 ．法人の取締役、監査役等、一定の者
  2 ．国会議員や地方公共団体の議会の議員
  3 ．国家公務員や地方公務員

(ハ) B欄④勤続期間

本年中に支払を受けた他の退職手当等についての勤続期間をA欄③勤続期間の記

| 年　月　日
税務署長
市町村長　殿 | 1 年分 | 退職所得の受給に関する申告書
退 職 所 得 申 告 書 | 支払者受付印 |

退職手当等の支払者の	所 在 地 （住所）	〒163-0631 新宿区西新宿1-25-1 新宿センタービル31階	あなたの	現 住 所	〒○○○-○○○○ ○○○○○○○○○	印鑑を忘れずに
	名 称 （氏名）	CSアカウンティング株式会社		氏 名	CS 花子	㊞
	法 人 番 号 （個人番号）	※提出を受けた退職手当の支払者が記載してください。 1 2 3 4 5 6 7 8 9 1 2 3 4		個人番号	1 2 3 4 5 6 7 8 9 1 2 3	
				その年1月1 日現在の住所	同上	

A このA欄には、全ての人が、記載してください（あなたが、前に退職手当等の支払を受けたことがない場合
には記載する必要がありません。）。

A	① 退職手当等の支払を受けること となった年月日　原則、退職日	1 年 10 月 31 日	③ この申告書の提出先から 受ける退職手当等について の勤続期間	自 1 年 5 月 1 日 至 1 年 10 月 31 日　1年未満の端数切り上げ	1 年
	② 退職の区分等	一般／障害　　生活 扶助　の 有・無	うち特定役員等勤続期間 うち重複勤続期間	有無　自 年 月 日 至 年 月 日 有無　自 年 月 日 至 年 月 日	年 年

B あなたが本年中に他にも退職手当等の支払を受けたことがある場合には、このB欄に記載してください。

B	④ 本年中に支払を受けた他の 退職手当等についての勤続期 間	自 年 月 日 至 年 月 日	⑤ ③と④の通算勤続期間	自 年 月 日 至 年 月 日	年
	うち特定役員等勤続期間	有無　自 年 月 日 至 年 月 日 年	うち特定役員等勤続期間 うち重複勤続期間	有無　自 年 月 日 至 年 月 日 有無　自 年 月 日 至 年 月 日	年 年

C あなたが前年以前4年内（その年に確定拠出年金法に基づく老齢給付金として支給される一時金の支払を受ける場合には、14年内）に退
職手当等の支払を受けたことがある場合には、このC欄に記載してください。

C	⑥ 前年以前4年内（その年に確定 拠出年金法に基づく老齢給付金と して支給される一時金の支払を受 ける場合には、14 年内）の退職手 当等についての勤続期間	自 年 月 日 至 年 月 日	⑦ ③又は⑤の勤続期間のう ち、⑥の勤続期間と重複して いる期間	自 年 月 日 至 年 月 日	年
			㋑ うち特定役員等勤続 期間との重複勤続期間	有無　自 年 月 日 至 年 月 日	年

D A又はBの退職手当等についての勤続期間のうちに、前に支払を受けた退職手当等についての勤続期間の全部又は一部が通算
されている場合には、その通算された勤続期間等について、このD欄に記載してください。

D	⑧ Aの退職手当等について の勤続期間③に通算され た前の退職手当等について の勤続期間	自 年 月 日 至 年 月 日 年	⑩ ③又は⑤の勤続期間のう ち、⑧又は⑨の勤続期間だけ からなる部分の期間	自 年 月 日 至 年 月 日	年
	うち 特定役員等勤続期間	有無　自 年 月 日 至 年 月 日 年	㋺ うち 特定役員等勤続期間	有無　自 年 月 日 至 年 月 日	年
	⑨ Bの退職手当等について の勤続期間④に通算され た前の退職手当等について の勤続期間	自 年 月 日 至 年 月 日 年	⑪ ⑦と⑩の通算期間	自 年 月 日 至 年 月 日	年
	うち 特定役員等勤続期間	有無　自 年 月 日 至 年 月 日 年	㋩ うち ㋑と㋺の通算期間	自 年 月 日 至 年 月 日	年

E B又はCの退職手当等がある場合には、このE欄にも記載してください。

E	区分	退職手当等の支 払を受けること となった年月日	収 入 金 額 （円）	源 泉 徴収税額 （円）	特別徴収税額		支払を 受けた 年月日	退職 の 区分	支払者の所在地 （住所）・名称（氏名）
					市町村民税 （円）	道府県民税 （円）			
B	一般	・ ・					・ ・	一般 ・ 障害	
	特定 役員	・ ・					・ ・	一般 ・ 障害	
	C	・ ・					・ ・	一般 ・ 障害	

（注意）　1　この申告書は、退職手当等の支払を受ける際に支払者に提出してください。提出しない場合は、所得税及び復興特別所
　　　　得税の源泉徴収税額は、支払を受ける金額の20.42％に相当する金額となります。また、市町村民税及び道府県民税につい
　　　　ては、延滞金を徴収されることがあります。
　　　　2　Bの退職手当等がある人は、その退職手当等についての退職所得の源泉徴収票（特別徴収票）又はその写しをこの申告書に
　　　　添付してください。
　　　　3　支払を受けた退職手当等の金額の計算の基礎となった勤続期間に特定役員等勤続期間が含まれる場合には、その旨並びに
　　　　特定役員等勤続期間、年数及び収入金額等を所定の欄に記載してください。

27.06改正

（規格 A 4）

載方法に倣い記載します。

（ニ）B欄⑤勤続期間

　③欄と④欄の勤続期間について、重複する部分は二重に計算しないように通算した勤続期間とその年数を記載します。

（ホ）C欄⑥勤続期間

　前年以前４年内（確定拠出年金老齢給付一時金に関しては14年内）に支払を受けた退職手当等がある場合に、その退職手当等についての勤続期間を記載します。

（ヘ）C欄⑦勤続期間

　③欄又は⑤欄の勤続期間のうち、⑥欄の勤続期間と重複している期間を記載します。

（ト）D欄⑧⑨勤続期間

　③欄又は④欄の勤続期間のうち、その勤続期間に通算された前の退職手当等についての勤続期間とその年数を記載します。

（チ）D欄⑩期間

　③欄又は⑤欄の勤続期間のうち、⑧欄又は⑨欄の勤続期間だけからなる部分の期間とその年数を記載します。

（リ）D欄⑪期間

　⑦欄と⑩欄の勤続期間について、重複する部分は二重に計算しないように通算した勤続期間とその年数を記載します。

（ヌ）E欄

B又はCの退職手当等がある場合には、E欄へも記載する必要があります。

Topic

2

60歳以上の社員が退職する場合に
本人が行う手続き

1……退職後の健康保険加入

　退職時に既に75歳以上となって後期高齢者医療制度に加入している社員を除き、60歳以上の社員が退職すると健康保険を喪失するため、退職後に健康保険に加入する必要があります。退職後の健康保険の選択肢としては、①任意継続制度、②国民健康保険、③家族の被扶養者、④特例退職被保険者制度の４つがあります。本項ではそれぞれについて説明していきたいと思います。

1 任意継続制度

（1）任意継続制度の加入要件

　任意継続制度とは資格喪失日の前日までに被保険者期間が継続して２か月以上ある場合に、加入できる制度です。任意継続制度に加入する場合は、資格喪失日（退職日の翌日）から20日以内に社員本人が在籍時に加入していた健康保険組合もしくは協会けんぽへ申請を行う必要があります。現在使用している保険証は会社に返却もしくは任意継続の申請書送付時に一旦返却し、任意継続制度への加入が認められると新たな保険証が発行されます。

（2）任意継続制度の加入期間

　任意継続被保険者の加入期間は以下の資格喪失原因②～⑤に該当する場合を除き、２年間です。なお、一旦加入すると国民健康保険や家族の被扶養者に任意に切り替えることはできません。

　①　任意継続被保険者となった日から２年を経過したとき

173

② 保険料を納付期日までに納付しなかったとき

③ 就職して他の健康保険に加入したとき

④ 後期高齢者医療の被保険者資格を取得したとき

⑤ 被保険者が死亡したとき

(3) 任意継続制度に加入した場合の保険料

　保険料は退職時の標準報酬月額をベースに決定されます。在職時は会社が保険料を半分負担しており、退職後は本人が全額負担をするため、原則として保険料は在籍時の2倍になります。ただし、標準報酬月額には上限があるため、高額所得者については在籍時より保険料が低くなることがあります。平成31年の標準報酬月額の上限は300,000円であり、介護保険対象者が東京の協会けんぽに加入する場合の保険料の具体例は以下の通りです。

退職時標準報酬月額	在職時保険料自己負担額	任意継続保険料自己負担額
280,000円	16,282円	32,564円
1,390,000円	80,828円	34,890円

　なお、以下の要因がない限り、保険料は2年間変わりません。

① 毎年3月（4月納付分）の保険料率の変更

② 40歳に達して介護保険の対象となった場合または65歳に達して介護保険の対象外となった場合

③ 標準報酬月額の上限が変わった場合

④ 協会けんぽの任意継続制度に加入した場合で、他の都道府県へ引っ越した場合

2 国民健康保険に加入

(1) 国民健康保険の加入要件

　国民皆保険の日本では、国民健康保険の加入手続きは、社員が居住している各市区町村で行います。国民健康保険に加入する際には在職時の健康保険の健康保険資格喪失証明書を求められますので、喪失手続きを行う際に併せて資格喪失証明書の発行を依頼し、社員本人に交付します。

(2) 国民健康保険の加入期間

　後期高齢者医療制度や就職して健康保険に加入するなど、他の制度に加入するまで

国民健康保険に加入することができます。

（3）国民健康保険の保険料

　国民健康保険の保険料は前年の所得をベースに決定されます。具体的な金額は市町村や退職理由によって異なりますので、各市区町村に問い合わせる必要があります（最近は所得金額等を入力するとホームページ上で保険料額を算出できる市区町村もあります）。任意継続制度と異なり扶養という考え方がないため、扶養する親族がいる場合には扶養親族の分保険料が上乗せされ、国民健康保険料の方が高くなるケースがあります。一般的には高額所得者及び扶養親族が多い方は任意継続制度、所得が多くない場合や解雇等の保険料が減免される退職理由で退職される場合には国民健康保険料が、社員本人の保険料負担が低くなるケースが多いです。

③ 家族の扶養に入る

（1）家族の扶養に入る要件

　家族が加入している健康保険によって異なりますが、協会けんぽで被扶養者になる場合の要件は以下の通りです。なお、扶養の認定のために必要な書類は家族が加入している健康保険によって異なりますので、家族の会社の担当者へ確認する必要があります。

　①　被保険者である家族の収入により主として生計を維持していること

　②　年間収入130万円未満（60歳以上又は障害者の場合は年間収入180万円未満）
　　　かつ

　　　同居の場合：収入が被保険者の半分未満

　　　別居の場合：被扶養者の収入が被保険者からの仕送り額未満

　なお、収入とは過去における収入のことではなく、被扶養者に該当する時点以降の見込み額をいいます。

　③　　３親等以内の親族もしくは内縁関係の配偶者の父母および子であること

　なお、配偶者、直系尊属、子、孫、兄弟以外の３親等内の親族は同一世帯でなければなりません。

（2）家族の扶養の加入期間

　他の健康保険制度に加入するまでは、上記要件を満たしている限り扶養に入ることができます。

175

(3) 家族の扶養に入る場合の保険料

　家族の扶養に入ると保険料はかかりませんので、社員の家計にとっては最も有利な選択肢です。ただし、上記の通り収入要件等がありますので年金額が多い場合などは扶養に入ることができません。

4 特例退職被保険者制度

(1) 特例退職被保険者制度の加入要件

　特例退職被保険者制度とは、厚生労働省から「特定健康保険組合」の認可を受けた健康保険組合のみ実施できる制度です。①日本に住民票を有すること、②加入期間が20年以上又は40歳以降に10年〜15年（健康保険組合によって異なる）あること、③老齢厚生年金の受給権者となっていること、の全ての条件を満たしている場合、特例退職被保険者制度に加入することができます。老齢厚生年金の受給開始年齢があがっていることと、そもそも当該制度を導入している健康保険組合が少ないことから、対象者は非常に限定的です。

(2) 特例退職被保険者制度の加入期間

　後期高齢者医療制度に加入する75歳に達するまで、特例退職被保険者制度に加入することができます。任意継続制度と異なり、2年間の制限はありません。

(3) 特例退職被保険者制度の保険料

　健康保険組合ごとに異なりますので、健康保険組合へ確認してください。

2……退職後の所得税・住民税等の納税

　新卒からずっと会社勤めを続けてきた社員の場合、所得税は毎月の給与計算での源泉徴収及び年末調整で精算、住民税は特別徴収で給与天引きにより納付しており、確定申告をしたことがなく税金の仕組みを知らないこともあり得ます。そのような社員が退職する際に説明すべき、所得税及び住民税について記載していきます。

1 所得税

(1) 所得税の概要

　所得税とは個人の所得に対してかかる国税で、1月～12月に得た所得をベースに算出されます。所得は10種類に分かれており、60歳以上の社員ですと給与所得（給与や賞与）、退職所得（退職金）、雑所得（年金）などがかかわってきます。

　所得のある個人は2月16日～3月15日の間に確定申告で納めるのが原則です。ただし、給与所得のみの場合には毎月の給与で概算額である源泉所得税を控除し、年末調整を行うことで例外的に確定申告を行わなくても良いこととなっています。

(2) 60歳以上の社員の退職後の所得税

　社員が退職の際に年末調整を行うことができるのは、①12月の給与支払後に退職した場合、②死亡により退職した場合、③著しい心身の障害のために退職し退職後給与を受け取る見込みのない場合、④退職後他社で給与を受け取る見込みのない短時間勤務社員で本年中の支払総額が103万円以下である場合、の4パターンです。これら以外の場合には年末調整を行うことができませんので、ご本人に確定申告を行っていただく必要があります。ただし、年の中途で退職し各種控除等の控除後の税額が0円となる方は確定申告を行う必要はありません。

(3) 60歳以上の社員が死亡により退職した場合の所得税

　60歳以上の社員が死亡により退職した場合、原則として死亡年調を行います。もし死亡年調を行わない場合には、相続人は相続の開始があったことを知った日の翌日から4月以内に確定申告を行わなければなりません。

　60歳以上の社員が死亡した場合、既労働分の賃金は相続人の口座へ振り込むこととなります。死亡後に相続人へ給与を振り込む際には、相続税の対象となり所得税の対象外となるため、源泉所得税の控除を行わないようご留意下さい。

2 住民税

(1) 住民税の概要

　住民税とは、都道府県が徴収する都道府県民税と、市町村が徴収する市町村民税を総称する地方税です。1月～12月の個人の所得に応じ、1月1日時点でのお住まいの市区町村に納付することとなっています。

　1月～12月の所得に対して課税されるという点で所得税とよく似ていますが、所得税は年末調整の場合は年内、確定申告の場合は翌年3月までに納付額が確定し納付するのに対し、住民税は翌年6月から納付を開始するという点が異なります。各市区町村は毎年各企業が提出する給与支払報告書及び各個人の確定申告に基づいて住民税額を計算し、毎年5月頃に税額通知します。企業にお勤めの方は6月～翌年5月にかけて年税額の12分の1を毎月給与天引きにより企業が徴収し社員に代理して納付し、企業に勤めていない方は市町村から送付される納付書を使用し、6月末までに1年間分まとめて納付するか、4分割にして6月末・8月末・10月末・翌年1月末に納付することになります。

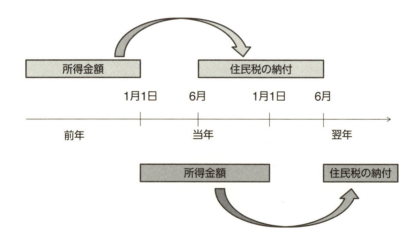

(2) 60歳以上の社員の退職時の住民税手続き

　60歳以上の社員が退職する場合、当年6月～翌年5月にかけて納付している前年所得をベースとした住民税は、①次に再就職先がある場合は、再就職先で納付を行う（特別徴収継続）、②個人で納付する（普通徴収）、③残りの住民税を最終給与で全て納付する（一括徴収）の3つのうち一つを選択します。1月～5月に退職した場合には原則として③一括徴収によることとされていますが、給与から控除しきれない場合

は一括徴収としなくてよいこととなっています。

(3) 退職後の住民税の注意点

住民税は、図の通り当年1月～12月の所得に応じて翌年6月～納付する仕組みとなっています。(2)で一括徴収を行い今年度の住民税を全て納付したとしても、当年の所得に基づき翌年6月～住民税を個人で納付しなければなりません。60歳以上の社員が6月以降の住民税の納付を忘れることのないよう、退職時に十分に説明しておくとよいでしょう。

3……退職後年金の裁定請求

日本の年金制度は下図の通り3階建ての構造となっています。1階部分の基礎年金及び2階部分の厚生年金保険はフルタイムで勤める社員であれば強制加入、3階部分の企業型DC、確定給付年金、厚生年金基金等はお勤めの企業が導入している場合のみ、個人型確定拠出年金は本人の選択により加入しています。

【参考：年金制度の体系図】

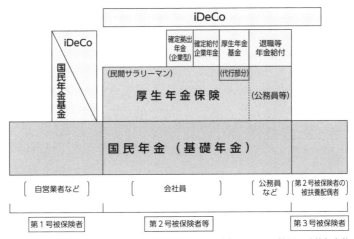

（出典　厚生労働省「いっしょに検証！公的年金」）

年金は受け取る資格を得たときに自動的に支給が始まるものではなく、本人が年金の請求を受けるための手続きを行う必要があります。3階のうち企業型年金は企業によって内容が異なるため、ここでは1・2階の公的部分と3階のうち個人型確定拠出年金の制度及び老齢年金の請求方法について説明します。

■1 公的年金（老齢基礎年金・老齢厚生年金）

(1) 制度概要

老齢基礎年金と老齢厚生年金の概要は下表の通りです。

	老齢基礎年金	老齢厚生年金
支給要件	納付済期間と免除期間の合計が10年以上	老齢基礎年金の支給要件を満たし、厚生年金の被保険者期間が1ヶ月以上ある
支給開始年齢	原則65歳	原則65歳（※1）
支給額	満額780,100円（平成31年4月時点）	加入期間及び加入期間中の標準報酬月額・標準賞与額により異なる（※2）

（※1）昭和60年改正前には原則60歳から支給となっていました。経過的措置として60歳から65歳までの間については、旧法の老齢年金に相当する特別支給の老齢厚生年金を支給し、段階的に支給開始年齢を引き上げて、最終的に廃止することとなっています。

（※2）厚生年金保険の被保険者期間が原則として20年以上あり、支給開始時点で生計を維持している65歳未満の配偶者または18歳到達年度の末日までの子がいる場合には年金が加算されます。

(2) 老齢年金・老齢厚生年金の受け取り

老齢基礎年金及び老齢厚生年金は原則として65歳から受け取ることができます。ただし、本人の請求により繰上げ請求または繰下げ請求を行うことができます。

（イ）繰上げ請求

年金の繰上げを行う場合には、原則として老齢基礎年金の繰上げと同時に行わなければなりません。60歳～65歳未満の間に繰上げ請求を行うと、受給期間を一月早めるごとに、年金額が0.5％減額され、最大で30％減額されます。ただし、上述（※2）の加給年金については繰上げを行うことができません。なお、いったん年金の受給を始めた場合は取り消すことができません。

（ロ）繰下げ請求

年金の繰下げを行う場合、①老齢基礎年金のみ繰下げ、②老齢厚生年金のみ繰下げ、③老齢基礎年金と老齢厚生年金の両方を繰下げ、の3つの内から選択することができます。65歳で請求を行わず、66歳以降に繰下げて年金請求を行うと、受給期間を一月遅らせるごとに、年金額が0.7％ずつ増額されます。上限である70歳からの受給を選択すると、最大42％の増額された年金を受け取ることができます。ただし、上述（※2）の加給年金は繰下げ受給をした場合は支給停止され、上述（※

１）の特別支給の老齢厚生年金は繰下げを行うことができません。なお、原則としていったん年金の受給を始めた場合や障害年金又は遺族年金を受け取る権利のある方は繰下げ請求をすることはできません。

❷ 個人型確定拠出年金（iDeCo）

(1) 制度概要

　個人型確定拠出年金とは、加入者が毎月一定額（下限は月５,０００円以上、上限は職業により異なる）を積み立て、金融機関が用意した定期預金・投資信託などの金融商品で自ら運用し、60歳以降に受け取る制度です。受け取る金額が決まっている確定給付年金と異なり、拠出した金額の運用結果次第で元本割れをする可能性もあります。

　企業主導の年金制度が減少傾向にあることと、個人型確定拠出年金には以下の税制優遇メリットがあることから近年加入者が増加しています。

＜個人型確定拠出年金のメリット＞

① 　拠出金額は全額所得控除の対象となるため、拠出金額×税率の所得税・住民税の節税効果があります。

② 　定期預金利息や投資信託の運用益は通常課税されますが、個人型確定拠出年金の運用で得た定期預金利息や投資信託の運用益は非課税となります。

③ 　一時金で受け取る場合は退職所得控除の、年金で受け取る場合は公的年金等控除の対象となります。このため、退職金制度のない会社でお勤めの方が一時金で受け取る場合には、課税されないケースが多くなります。

第5章 60歳以上の社員が退職する際の手続き

（2） 個人型確定拠出年金の受け取り

　個人型確定拠出年金の受け取り可能な年齢は、原則として60歳からであり、加入期間によって受け取り可能年齢は以下の通りとなっています。

＊個人型確定拠出年金の受け取り開始年齢

加入期間	10年以上	8年以上 10年未満	6年以上 8年未満	4年以上 6年未満	2年以上 4年未満	1月以上 2年未満
受給開始可能年齢	60歳	61歳	62歳	63歳	64歳	65歳

　年金資産の受け取り方は以下に記載している3つから選択することができます。

（イ） 年金として受け取る

　5年から20年の間（運用機関によっては終身で受け取れる場合もあり）で期間を設定し、年金として定期的に受け取ることができます。受け取りの間隔（1月ごと、1年ごとなど）は運用機関のプランから選択します。

（ロ） 一時金として受け取る

　70歳になるまでの間に、一括で一時金を受け取ることができます。

（ハ） 年金と一時金を組み合わせて受け取る

　運営管理機関によっては、年金と一時金を組み合わせて受け取ることを選ぶことができる場合もあります。

3 公的年金の請求方法

（1） 一般的な年金請求の流れ

　老齢基礎年金・老齢厚生年金の受給手続きは以下の通りです。なお、個人型確定拠出年金の受け取りについては書類の送付及び提出先等が異なりますが請求手続きは概ね同様の流れです。

＜Step 1＞老齢年金のお知らせや年金請求書等が、日本年金機構または共済組合等から社員の自宅に届きます。

→老齢年金のお知らせは60歳または65歳の誕生月の約3ヶ月前、年金請求書は老齢年金の受給権が発生する年の誕生月の約3ヶ月前に届きます。

＜Step 2＞年金請求書を年金事務所や市（区）役所または町村役場に提出します。

→必要事項を記入し、受給開始年齢の誕生日の前日以降に提出します。提出先は、年金加入期間が国民年金（第1号被保険者）のみの方は市（区）役所または町村役場、その他の方は年金事務所になります。なお、請求書の記載内容に応じて様々な添付書類が必要になりますので事前確認をしておくとよいと思います。なお、書類提出後に追加の確認書類の提出を依頼される場合もあります。

> ＜Step 3＞年金証書・年金決定通知書・年金を受給される皆様へ（パンフレット）が、日本年金機構からご自宅に届きます。

→書類が届くのは年金請求書の提出から1～2ヶ月程度です。

> ＜Step 4＞年金証書到着後、約1～2ヶ月後に、年金の受け取りが始まります。

→年金請求時に指定した口座に振り込まれ、その後は偶数月に2ヶ月分が振り込まれます。

(2) 繰上げ請求または繰下げ請求をする場合

（イ）繰上げ請求をする場合

60歳到達日以降に繰上げ請求をする場合には、年金の請求書に合わせて支給繰上げ請求書を提出する必要があります。繰上げ請求の年金は請求を行った月の翌月分から受け取ることができます。

（ロ）繰下げ請求をする場合

繰下げ請求するため年金の請求を行わない場合には、お知らせが来ても何らの手続きを行う必要はありません。70歳までに、希望する時期に合わせて年金の請求手続きを行います。なお、年金を受け取ることができるようになったときから5年を経過すると、時効により5年を過ぎた分については受給できなくなります。添付書類の準備等もありますので、70歳まで繰下げ請求をする場合でも、早めに準備することをおすすめします。

Topic

3

60歳以上の社員が
死亡退職した場合の手続き

　本項では、60歳以上の社員が亡くなってしまった場合の手続きについて説明します。社員本人が亡くなったことにより、社会保険の手続きや給与計算関連の対応などが発生します。また、社員の家族と連絡をとり、各種手続き等の説明を行う必要があります。

　また、このような万が一の出来事に備え、緊急連絡先の更新なども日頃からしておくと良いでしょう。

1……社会保険の手続き

業務上／業務外	手続き一覧	提出先
業務上・業務外	健康保険・厚生年金保険被保険者資格喪失届	事務センター（もしくは会社管轄の年金事務所）・健保組合（健保組合管轄の場合）
	雇用保険被保険者資格喪失届	ハローワーク
業務外	埋葬料（費）	協会けんぽ・健康保険組合（健保組合管轄の場合）
業務上または通勤災害	遺族補償給付または遺族給付	労働基準監督署
	葬祭料または葬祭給付	
業務上	労働者私傷病報告	

(1) 健康保険・厚生年金保険喪失手続き

　社員が亡くなった場合には、健康保険・厚生年金保険の資格を喪失する手続きが必要です。資格を喪失する日は、その事実があった日の翌日となります。

［例］9月4日に亡くなった場合、資格喪失日は9月5日となります。

提出書類：健康保険・厚生年金保険 被保険者資格喪失届

提出先：事務センター（もしくは会社管轄の年金事務所）・健保組合（健保組合管轄
　　　　の場合）

提出期限：事実が発生（死亡した日）してから5日以内

添付資料：

① 健康保険被保険者証（本人分及び被扶養者分）

② 高齢受給者証、健康保険特定疾病療養受給者証、健康保険限度額適用・標準負担
額減額認定証

※ ②については、交付されている場合のみ返納が必要です。

※ 紛失等により健康保険証の回収ができない場合は、資格喪失届にその理由を付記するか、
「健康保険被保険者証回収不能届」を添付してください。

> **参考**
>
> 　亡くなった社員に扶養家族がいた場合には、資格喪失後の健康保険制度についても説明をおこなうと良いでしょう。
>
> ①国民健康保険に加入する場合
>
> 　加入手続きは家族が居住している市区町村での手続きとなります。加入する際には、資格喪失日の確認のため健康保険厚生年金保険資格喪失確認通知書やマイナンバー（個人番号）と本人（身元）確認などが必要となります。健康保険厚生年金保険資格喪失確認通知書は会社管轄の年金事務所が発行しています。必要書類についての詳細は市区町村にご確認ください。
>
> ②家族の健康保険に被扶養者として加入する場合
>
> 　家族が勤務している勤務先を通じての手続きとなりますので、加入要件や必要書類については、家族から勤務先に確認をしてもらいましょう。
>
> この他にも資格喪失後の健康保険制度には健康保険任意継続がありますが、被保険者である社員が亡くなっているため、加入要件には該当しません。

(2) 雇用保険の喪失手続き

　社員が亡くなった場合には、雇用保険の資格を喪失する手続きが必要です。

提出書類：雇用保険被保険者資格喪失届

提出先：会社管轄の公共職業安定所（ハローワーク）

提出期限：被保険者でなくなった日（死亡した日）の翌日から起算して10日以内

(3) 健康保険の埋葬料（埋葬費）の手続き

（イ）埋葬料とは

社員が業務外の事由で亡くなった場合には、亡くなった社員により生計を維持されていた方に埋葬料５万円が支給されます。埋葬料は死亡の事実またはその確認があれば支給対象となるため、葬儀を行わない場合でも支給されます。

※ 生計を維持されていた方とは亡くなった社員によって生計の全部又は一部を維持されている方であって、民法上の親族や遺族であることは問われません。

（ロ）埋葬費とは

上記埋葬料の支給を受けられる方がいない場合には、埋葬をおこなった方に埋葬料の金額（５万円）の範囲内で埋葬に要した費用の相当額が支給されます。この埋葬費は、実際に埋葬をおこなった事実が必要となります。埋葬費の支給対象となる費用は、霊柩代、霊柩車代、火葬料、お葬式の際の供物代、僧侶への謝礼などになります。

提出書類：健康保険被保険者埋葬料（費）支給申請書

提出先：協会けんぽ・健康保険組合（健保組合管轄の場合）

提出期限：死亡した日の翌日から２年（埋葬費は埋葬した日の翌日から２年）

添付資料：

・被扶養者が申請する場合：事業主による死亡証明書が受けられない場合には死亡診断書、亡くなった方の戸籍（除籍）謄本・抄本が必要

・被扶養者以外が申請する場合：生計維持を確認できる書類（住民票や仕送りの書類など）

・埋葬費申請の場合：埋葬に要した費用の領収書、埋葬に要した費用の明細書など

・死亡が負傷による場合には負傷原因届、負傷が第三者行為による場合は第三者行為による傷病届が必要

※ 通勤災害の場合、同一の死亡により、労災保険法の葬祭、給付を受けることができる場合には埋葬料（費）は支給されません。

【生計維持されていた妻が申請する場合】

健康保険 被保険者 家族 埋葬料（費）支給申請書　　1　2 ページ　被保険者記入用　埋

記入方法および添付書類等については、「健康保険 被保険者 家族 埋葬料（費）支給申請書 記入の手引き」をご確認ください。
申請書は、楷書で枠内に丁寧にご記入ください。　記入見本 0123456789アイウ

被保険者情報※

被保険者証の（左づめ）
記号 **12345678**　番号 **111**
生年月日　年　月　日
2.平成　3.令和　**340611**

> 亡くなった社員の生年月日を記入します。

氏名・印
（フリガナ）シーエス ハナコ
CS 花子　㊞CS
自署の場合

住所 〒**1630000**　**東京** 都道府県　**新宿区○-○-○**
電話番号（日中の連絡先）※ハイフン除く TEL ○○○○○○○○○

振込先指定口座※

金融機関名称
（銀行）金庫 信組　農協 漁協　その他（　）
本店 支店　代理店 出張所 本店営業部　本所 支所

預金種別 **1**　1.普通 3.別段 2.当座 4.通知
口座番号 **1234567**　左づめでご記入ください。

口座名義 ▼カタカナ（姓と名の間は1マス空けてご記入ください。濁点(")、半濁点(°)は1字としてご記入ください。）
シーエス　ハナコ
口座名義の区分 **1**　1.被保険者（申請者）2.代理人

> ※氏名・印、住所、電話番号、振込口座など申請される方の情報を記入します。

「2」の場合は必ず記入・押印ください。（押印省略不可）

代理人の欄

給付金に関する受領を下記の代理人に委任します。　年　月　日
㊞　1.平成 2.令和
住所 「被保険者情報」の住所と同じ

代理人（口座名義人）
〒　TEL（ハイフン除く）
住所
（フリガナ）
氏名・印　㊞
被保険者（申請者）との関係

「被保険者・事業主記入用」は2ページに続きます。》》》

※ご注意ください
被保険者が亡くなられての申請の場合、「被保険者証の記号・番号」と「生年月日」は被保険者の情報をご記入ください。「氏名・印」、「住所」「電話番号」「振込先指定口座」は実際に申請される方の情報をご記入ください。

被保険者のマイナンバー記載欄
（被保険者証の記号番号を記入した場合は記入不要です）
マイナンバーを記入した場合は、必ず本人確認書類を添付してください。▶

（2019.5）
受付日付印

社会保険労務士の提出代行者名記載欄　㊞

様式番号 **631167**　協会使用欄 **1**

Ⓨ 全国健康保険協会　協会けんぽ

1/2

第5章 60歳以上の社員が退職する際の手続き

健康保険 被保険者／家族 埋葬料（費）支給申請書

1 2 ページ

被保険者・事業主記入用

被保険者氏名	ＣＳ 太郎

申請内容

死亡した方の	死亡年月日　年　月　日	死亡原因	第三者の行為によるものですか
	2 1.平成 2.令和　**010904**	**肺炎**	□ はい　☑ いいえ　「はい」の場合は「第三者行為による傷病届」を提出してください。

●家族（被扶養者）が死亡したための申請であるとき

ご家族の氏名		生年月日	年　月　日 1.昭和 2.平成 3.令和	被保険者との続柄

亡くなられた家族は、退職などにより健保組合などが運営する健康保険の資格喪失後に被扶養者の認定を受けた方であって、次のいずれかに当てはまる方ですか。
①資格喪失後、3か月以内に亡くなられたとき
②資格喪失後、傷病手当金や出産手当金を引き続き受給中に亡くなられたとき
③資格喪失後、②の受給終了後、3か月以内に亡くなられたとき

□ 1. はい　2. いいえ

「はい」の場合、家族が被扶養者認定前に加入していた健康保険の保険者名と記号・番号をご記入ください。

保険者名	
記号・番号	

●被保険者が死亡したための申請であるとき

被保険者の氏名	ＣＳ 太郎	被保険者からみた申請者との身分関係	妻	埋葬した年月日 年　月　日	1.平成 2.令和
埋葬に要した費用の額	円	法第3条第2項被保険者として支給を受けた時はその金額（調整減額）			円

亡くなられた方は、退職などによる協会けんぽの被保険者資格の喪失後、家族の被扶養者となった方であって、次のいずれかに当てはまる方ですか。
①資格喪失後、3か月以内に亡くなられたとき
②資格喪失後、傷病手当金や出産手当金を引き続き受給中に亡くなられたとき
③資格喪失後、②の受給終了後、3か月以内に亡くなられたとき

□ 1. はい　2. いいえ

「はい」の場合、資格喪失後に家族の被扶養者として加入していた健康保険の保険者名と記号・番号をご記入ください。

保険者名	
記号・番号	

事業主証明欄

	氏名	被保険者・被扶養者の別	死亡年月日　年　月　日
死亡した方の	ＣＳ 太郎	被保険者 被扶養者	**2** 1.平成 2.令和　**010904** 死亡

上記のとおり相違ないことを証明します

		年　月　日
事業所所在地	東京都新宿区1-25-1 新宿センタービル 31F	**2** 1.平成 2.令和　**010915**
事業所名称	ＣＳアカウンティング株式会社	
事業主氏名	代表取締役　ＣＳ 一郎　事業主	TEL ※ハイフン除く　**0359083421**

被保険者により生計維持されていた方が申請する場合には記入不要です

様式番号
6 3 1 2 6 6

全国健康保険協会
協会けんぽ

2/2

2……業務災害または通勤災害で亡くなった場合

業務災害または通勤災害などにより、社員が亡くなった場合には労災保険から一定の要件に該当した遺族に対して遺族（補償）給付や葬祭料（給付）が支給されます。

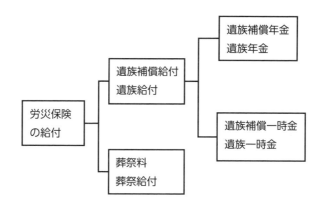

(1) 遺族（補償）給付の手続き

業務災害または通勤災害などにより、社員が亡くなった場合には、労災保険から亡くなった社員の遺族に対して遺族補償給付（業務災害の場合）または遺族給付（通勤災害の場合）が支給されます。通勤災害は労基法上の災害補償ではないため、業務災害の給付のみ「補償」の文言が使用されています。

遺族（補償）給付には、遺族（補償）年金と遺族（補償）一時金があります。

(2) 遺族（補償）年金とは

遺族（補償）年金は、下記の受給資格者のうち、最先順位者に支給されます。受給資格者となるのは、亡くなった社員の死亡当時その収入によって生計を維持していた配偶者（内縁者含む）・子・父母・孫・祖父母・兄弟姉妹となります。妻以外の遺族については、社員の死亡当時に一定の高齢または年少であるか、あるいは一定の障害の状態（障害等級5等級以上の身体障害）にあることが必要です。

（イ）受給資格者

順位	身分	要件（+生計維持）
1	妻	なし
	夫	60歳以上か一定障害あり
2	子	18歳に達する日以後の最初の3月31日までの間にあるか一定障害あり
3	父母	60歳以上か一定障害あり
4	孫	18歳に達する日以後の最初の3月31日までの間にあるか一定障害あり
5	祖父母	60歳以上か一定障害あり
6	兄弟姉妹	18歳に達する日以後の最初の3月31日までの間にあるか60歳以上または一定障害あり
7	夫	55歳以上60歳未満
8	父母	55歳以上60歳未満
9	祖父母	55歳以上60歳未満
10	兄弟姉妹	55歳以上60歳未満

※　生計を維持していたとは、主に亡くなった社員の収入によって生計を維持していた場合だけでなく生計の一部を維持していた共働きの場合も生計を維持していたとみなされます。
※　社員の死亡当時、胎児であった子は生まれたときから受給権者になります。
※　7〜10の順位者（55歳以上60歳未満の夫・父母・祖父母・兄弟姉妹）は、受給権者になっても60歳になるまでは年金が支給停止されます（若年停止）。

（ロ）給付の内容

　遺族の人数に応じて、遺族（補償）年金、遺族特別支給金、遺族特別年金が支給されます。

遺族数	遺族（補償）年金	遺族特別支給金（一時金）	遺族特別年金
1人	給付基礎日額の153日分（ただし、その遺族が55歳以上の妻または一定の障害状態にある妻の場合は給付基礎日額の175日分）	300万円	算定基礎日額の153日分（ただし、その遺族が55歳以上の妻または一定の障害状態にある妻の場合は算定基礎日額の175日分）
2人	給付基礎日額の201日分		算定基礎日額の201日分
3人	〃　　　　223日分		〃　　　　223日分
4人以上	〃　　　　245日分		〃　　　　245日分

※　給付基礎日額とは、原則として、労働基準法の平均賃金に該当する額をいいます。死亡事故が発生した日の直前3か月間に支払われた賃金（賞与や臨時の賃金を除く）の総額÷その期間の歴日数で計算された1日当たりの金額となります。

※　算定基礎日額とは、死亡事故が発生した日以前1年間に支払われた特別給与（賞与など3か月を超える期間ごとに支払われた賃金）÷365で計算された額となります。また給付基礎日額、算定基礎日額には限度額があります。

（ハ）手続き

提出書類：

業務災害遺族補償年金支給請求書（様式第12号）

通勤災害遺族年金支給請求書（様式第16号の8）

提出先：会社管轄の労働基準監督署

提出期限：社員が亡くなった日の翌日から5年

添付資料：

・亡くなった社員の死亡の事実および死亡年月日を証明できる書類（死亡診断書など）

・請求人および他の受給資格者と亡くなった社員との身分関係を証明できる書類(戸籍の謄本、抄本)

・請求人および他の受給資格者が亡くなった社員の収入によって生計を維持していたことを証明することができる書類

　他、状況により、必要書類がありますので、詳細は会社管轄の労働基準監督署へお問い合わせください。

第5章　60歳以上の社員が退職する際の手続き

様式第12号（表面）

業務災害用　労働者災害補償保険

遺族補償年金支給請求書
遺族特別支給金支給申請書
遺族特別年金

年金新規報告書提出

① 労働保険番号							③死亡労働者の	フリガナ	シーエスタロウ		④ 負傷又は発病年月日

府県 所轄 管轄基幹番号 枝番号
1 3 1 0 0 0 0 0 0 0 3 0 1

③死亡労働者の
フリガナ シーエスタロウ
氏名 **CS太郎** （男・女）
生年月日 S34年 6月 11日（60歳）
個人番号 1 2 3 4 5 6 7 8 9 1 2 3
職種 営業職
所属事業場名称・所在地

④ 負傷又は発病年月日
元年 9月 4日
午前・後 3時40分頃

⑤ 死 亡 年 月 日
元年 9月 4日

② 年金証書の番号
管轄局 種別 西暦年 番 号枝番号

⑦ 平 均 賃 金
10,726円 23銭

⑥ 災害の原因及び発生状況
（あ）どのような場所で（い）どのような作業をしているときに（う）どのような物又は環境に（え）どのような不安全な又は有害な状態があって（お）どのような災害が発生したかを簡明に記載すること
営業先から会社へ戻る途中、池袋の○○交差点付近で台風による
大雨が降っていたため、スリップし道路わきに横転し死亡した

⑧ 特別給与の総額（年額）
1,440,000円

⑨
厚生等の年金保険関係

死亡労働者の厚年等の年金証書の
基礎年金番号・年金コード

⑫ 死亡労働者の被保険者資格の取得年月日
年 月 日

㋑ 当該死亡に関して支給される年金の種類

厚生年金保険法の イ 遺族年金
ロ 遺族厚生年金

国民年金法の イ母子年金 ロ準母子年金 ハ遺児年金
ニ寡婦年金 ホ遺族基礎年金

船員保険法の 遺族年金

支給される年金の額　　支給されることとなった年月日

円　　　　年 月 日

厚生年金保険の基礎年金番号・年金コード
（複数のコードがある場合は下段に記載すること。）

所轄年金事務所等

受けていない場合は、次のいずれかを○で囲む。　・裁定請求中 ・不支給裁定 ・未加入 ・請求していない ・老齢年金等選択

③の者については、④、⑥から⑧まで並びに⑨の㋑及び㋺に記載したとおりであることを証明します。

元年 9月 12日

事業の名称 CSアカウンティング株式会社 電話（ 03 ）5908 - 3421
〒 163 - ○○○○
事業場の所在地 東京都新宿区西新宿1-25-1 新宿センタービル31F
事業主の氏名 代表取締役 CS一郎 　**事業主**
（法人その他の団体であるときはその名称及び代表者の氏名）

〔注意〕⑨の㋑及び㋺については、③の者が厚生年金保険の被保険者である場合に限り証明すること。

⑩ 請求人申請人	氏名 フリガナ	生年月日	住所 フリガナ	死亡労働者との関係	障害の有無	請求人（申請人）の代表者を選任しないときは、その理由
	CS花子	S○○・9・2	新宿区 ○－○－○	妻	ある・ない	
		・ ・			ある・ない	
		・ ・			ある・ない	

⑪	氏名 フリガナ	生年月日	住所 フリガナ	死亡労働者との関係	障害の有無	請求人（申請人）と生計を同じくしているか
	CS次郎	S○○・7・12	新宿区 ○－○－○	長男	ある・ない	いる・いない
		・ ・			ある・ない	いる・いない
		・ ・			ある・ない	いる・いない

⑫ 添付する書類その他の資料名

⑬ 年金の払渡しを受けることを希望する金融機関又は郵便局	金融機関	名称	※金融機関店舗コード		
		預金通帳の記号番号	普通 当座 第 1 2 3 4 5 6 7 号	銀行・金庫 農協・漁協・信組	本店・本所 出張所 支店・支所
	郵便局	フリガナ 名称	※郵便局コード		
		所在地	都道府県 市都区		
		預金通帳の記号番号	第 号		

上記により
遺族補償年金の支給を請求します。
遺族特別支給金の支給を申請します。
遺族特別年金

元年 9月 12日

新宿 労働基準監督署長 殿

〒163-○○○○ 電話（○○）○○○-○○○○
請求人 申請人の（代表者）
住所 新宿区○-○-○
氏名 CS花子 　**CS**
□本件手続を裏面に記載の社会保険労務士に委託します。

個人番号 1 2 3 4 5 6 7 8 9 0 0 0

特別支給金について振込を希望する金融機関の名称			預金の種類及び口座番号	
○ ○	銀行・金庫 農協・漁協・信組	○	本店・本所 出張所 支店・支所	普通 当座 第 1 2 3 4 5 6 7 号 口座名義人 CS花子

(3) 遺族（補償）一時金

遺族（補償）一時金は下記の場合に支給されます。

（イ）支給要件および支給額

支給要件	支給額		
	遺族（補償一時金）	遺族特別支給金	遺族特別一時金
社員の死亡当時、遺族（補償）年金を受ける遺族がいない場合	給付基礎日額の1000日分	300万円	算定基礎日額の1000日分
遺族（補償）年金の受給権者が最後順位者まですべて失権したとき、受給権者であった遺族の全員に対して支払われた年金の額および遺族（補償）年金前払一時金の合計額が、給付基礎日額の1000日分に満たない場合	給付基礎日額の1000日分から、すでに支給された遺族（補償）年金等の合計額を差し引いた金額	―	算定基礎日額の1000日分から、すでに支給された遺族特別年金の合計額を差し引いた金額

（ロ）受給権者

順位	身分
1	配偶者
2	社員の死亡当時その収入によって生計を維持していた子、父母、孫、祖父母
3	その他の子、父母、孫、祖父母
4	兄弟姉妹

※　1～4の遺族で最先順位者が受給権者となります。（2～3の中では子・父母・孫・祖父母の順）同順位者が2人以上いる場合はそれぞれ受給権者となります。

※　子・父母・孫・祖父母・兄弟姉妹の身分は、社員の死亡当時の身分です。

（ハ）手続き

提出書類：

業務災害「遺族補償一時金支給請求書（様式第15号）」

通勤災害「遺族一時金支給請求書（様式第16号の9）」

提出先：会社管轄の労働基準監督署

提出期限：社員が亡くなった日の翌日から5年

添付資料：

・亡くなった社員の死亡の事実および死亡年月日を証明できる書類（死亡診断書など）

・請求人および他の受給資格者と亡くなった社員との身分関係を証明することができる書類（戸籍の謄本、抄本など）

・請求人および他の受給資格者が亡くなった社員の収入によって生計を維持していたことを証明することができる書類（生計維持されていた場合）

　他、状況により、必要書類がありますので、詳細は会社管轄の労働基準監督署へお問い合わせください。

(4) 葬祭料（葬祭給付）の手続き

　葬祭を行った遺族などに対して、葬祭料（業務災害の場合）、または葬祭給付（通勤災害の場合）が支給されます。

（イ）支給要件

　社員が業務上または通勤災害により死亡した場合に、葬祭をおこなう方の請求に基づき支給されます。葬祭をおこなう方とは、一般的に遺族となりますが、葬祭を執り行う遺族がなく、社葬として会社で葬祭をおこなったときには、その会社に対して葬祭料（葬祭給付）が支給されます。

（ロ）支給額

　葬祭料（葬祭給付）の額は、315,000円に給付基礎日額の30日分を加算した金額です。この金額が給付基礎日額の60日分に満たない場合は給付基礎日額の60日分が支給額となります。

| 1 | 315,000円＋給付基礎日額×30日分 |
| 2 | 上記1の金額が給付基礎日額の60日分に満たない場合には、給付基礎日額×60日分 |

提出書類：

業務災害「葬祭料請求書（様式第16号）」

通勤災害「葬祭給付請求書（様式第16号の10）」

提出先：会社管轄の労働基準監督署

提出期限：社員が亡くなった日の翌日から2年

添付資料：

社員の死亡の事実および死亡の年月日を証明することができる書類（死亡診断書など）。

　ただし、併せて遺族（補償）給付の請求書を提出する際に添付している場合には不要です。

様式第16号（表面）

業務災害用

労働者災害補償保険

葬　祭　料　請　求　書

① 労 働 保 険 番 号					③ 請求人の	フリガナ 氏　名	シーエス　ハナコ CS 花子	
府県	所轄	管轄	基幹番号	枝番号		住　所	新宿区西新宿1-25-1	
1 3	1	0 0	0 0 0 0 0 0	0 3 0 1		死亡労働者 との関係	妻	
② 年 金 証 書 の 番 号								
管轄局	種別	西暦年	番　号					

④ 死亡労働者の	フリガナ 氏　名	シーエス　タロウ CS 太郎　（男・女）	⑤ 負傷又は発病年月日
	生年月日	昭和34年　6月　11日（ 60 歳）	元年　9月　4日 午前・後　3時　40分頃
	職　種	営業職	⑦ 死 亡 年 月 日
	所属事業場 名称所在地		元年　9月　4日

⑥ 災害の原因及び発生状況　（あ）どのような場所で（い）どのような作業をしているときに（う）どのような物又は環境に（え）どのような不安全な又は有害な状態があって（お）どのような災害が発生したかを簡明に記載すること

営業先から会社に戻る途中、池袋の○○交差点付近で台
風による大雨が降っていたため、スリップし道路わきに
横転し死亡した

⑧ 平 均 賃 金
10,726 円　　23 銭

④の者については、⑤、⑥及び⑧に記載したとおりであることを証明します。

電話（ 03 ）5908-3421

元年　9月　12日

事 業 の 名 称　CSアカウンティング株式会社

事業場の所在地　東京都新宿区1-25-1　　〒 163 − 0631

事業主の氏名　代表取締役　CS 一郎　㊞
（法人その他の団体であるときはその名称及び代表者の氏名）

⑨ 添付する書類その他の資料名　遺族補償年金請求書に添付

上記により葬祭料の支給を請求します。

元年　9月　15日　　　　　〒 163 − 000　　電話（ 00 ）000-0000

請求人の　住　所　新宿区○-○-○

新宿 労働基準監督署長　殿　　氏　名　CS 花子　㊞

振込を希望する金融機関の名称		預金の種類及び口座番号
○○　銀行・金庫 農協・漁協・信組	○○　本店・本所 出張所 支店・支所	普通・当座　第 1234567号 口座名義人　CS 花子

(6) 労働者死傷病報告

社員が業務上災害により亡くなった場合には、労働者死傷病報告を提出する必要があります。

提出書類：労働者死傷病報告（様式第23号）

提出先：会社管轄の労働基準監督署

提出期限：災害後、遅滞なく

労働者死傷病報告

様式第23号（第97条関係）（表面）

労働保険番号（建設業の工事に従事する請負人の労働者が被災した場合、元請人の労働保険番号を記入すること。）　事業の種類

| 8 | 1 | 0 | 0 | 1 | | 1 | 3 | 1 | 0 | 0 | 0 | 0 | 0 | 0 | 0 | 0 | 0 | 3 | 0 | 1 | | | | 製造業 |

都道府県　所掌　管轄　基幹番号　枝番号　被一括事業場番号

事業場の名称（建設業にあっては工事名を併記のこと。）

| カナ | シ | ー | エ | ス | ア | カ | ウ | ン | テ | ィ | ン | グ | | | | | | | | | |

| 漢字 | Ｃ | Ｓ | ア | カ | ウ | ン | テ | ィ | ン | グ | | （ | 株 | ） | | | | | | |

工事名

職員記入欄　派遣元の事業の労働保険番号

都道府県　所掌　管轄　基幹番号　枝番号　被一括事業場番号　　派遣労働者が被災した場合は、派遣先の事業場の郵便番号

事業場の所在地

新宿区1-25-1　電話 03（5903）3421

構内下請事業の場合は親事業場の名称、建設業の場合は元方事業場の名称　　派遣労働者が被災した場合は、派遣先の事業場の名称

派遣労働者の区分

郵便番号　労働者数

| 1 | 6 | 3 | - | 0 | 6 | 3 | 1 | | | | 2 | 0 | 0 |人 |

生年月日（明治は0と、昭和は3と、平成は7と、令和は9とすること。）

7：平成　9：令和

| 9 | 0 | 1 | 0 | 9 | 0 | 4 | | 1 | 5 | 4 | 0 |

被災労働者の氏名（姓と名の間は1文字空けること。）

| カナ | シ | ー | エ | ス | | タ | ロ | ウ | | | | | | |

| 漢字 | Ｃ | Ｓ | | 太 | 郎 | | | | | 職種 | 営業職 |

生年月日

| 5 | 3 | 4 | 0 | 6 | 1 | 1 | （60）歳 |

性別

経験期間

| 1 | 0 |

休業見込期間又は死亡日時（死亡の場合は死亡欄に○）

休業見込　月　週　日

死亡 ○

死亡日時　令和元年　9月4日　15時40分

傷病名　脳挫傷

傷病部位　頭部

被災地の場所　東京都豊島区池袋○-○-○

災害発生状況及び原因

①どのような場所で ②どのような作業をしているときに ③どのような物又は環境に ④どのような不安全な又は有害な状態があって ⑤どのような災害が発生したかを詳細に記入すること。

営業先から会社へ戻る途中、池袋の○○交差点付近で台風による大雨が降っていたのでスリップし道路わきに横転し死亡した。

略図（発生時の状況を図示すること。）

車

労働者が外国人である場合のみ記入すること。

国籍・地域（　　）　在留資格（　　）

職員記入欄

国籍・地域コード　在留資格コード

起因物　　店社コード　　業種分類

事故の型　発注者種類　事業場等区分　業務上疾病

1：該当
2：非該当

自由設定項目
(1)　(2)　(3)

報告書作成者　職　氏名　人事部　　ＣＳ三郎

元 年 9 月 12 日

新宿 労働基準監督署長殿

事業者職氏名 ＣＳアカウンティング株式会社
代表取締役
ＣＳ一郎

事業主㊞

受付印

> **参考**
>
> **遺族年金**
>
> 　遺族年金とは、厚生年金に加入していた社員が亡くなった時にその社員に生計を維持されていた家族に対し、生活の安定を図るため、一定の所得を補償することを目的として支給される年金給付です。遺族年金には、遺族基礎年金と遺族厚生年金の２種類があります。支給要件や家族（遺族）の要件などがありますので、詳細は家族から年金事務所へ相談をしてもらうとよいでしょう。

3……給与計算の取扱い

社員が亡くなった場合の給与計算の取扱いについて説明をします。

（イ）健康保険料・介護保険料・厚生年金保険料

　社員が亡くなった場合、健康保険料・介護保険料・厚生年金保険料については、亡くなった日が退職日となり、喪失日は亡くなった日の翌日となります。社会保険の徴収月が翌月徴収の場合には、末日死亡退職は２か月分徴収、月中死亡退職は１か月徴収となります。

（例）９月15日死亡：８月分の社会保険料を徴収

　　　９月30日死亡：８月、９月分の社会保険料を徴収

（ロ）雇用保険料

　社員が亡くなった場合でも、労働の対償として支払われる賃金については雇用保険料率を乗じて計算をし、徴収をします。

（ハ）住民税

　住民税（市民税・県民税）は、その年の１月１日に住んでいた市町村で課税されます。そのため、年の途中で亡くなった場合でも、１月１日には生存していたため、その年の市民税・県民税は納めることになります。

＜例＞2018年11月に亡くなった場合

　2018年度の住民税（2018年１月１日生存）は、普通徴収（個人納付）に切り替えて納める必要があります。

　2019年度の住民税については2019年１月１日は亡くなっているため、課税はされません。

第5章　60歳以上の社員が退職する際の手続き

197

年	2018年	2019年	
住民税の年度	2018年度		2019年度
月	6月 7月 8月 9月 10月	11月 12月 1月 2月 3月 4月 5月	6月 7月 8月 9月 10月

給与から天引き　　↑11月に死亡のため、個人　　2019年1月1日はすでに死亡
　　　　　　　　　納付に切り替えて納める。　のため、2019年度分なし。

2018年度（2018年6月～2019年5月まで）分は2017年の所得に対する課税分となります。

　給与所得者異動届出書に死亡退職と記載をし、普通徴収（個人納付）に切り替えてください。普通徴収に切り替えた場合に残りの住民税があった場合には、相続人が納める税金となります。

　（二）死亡退職による年末調整
　　社員が死亡により退職した場合、年末調整を行う必要があります。

＜事例1＞
4月25日に給与支給日があり、4月28日に亡くなった場合
　この場合には、亡くなる前に社員本人へ給与が支払われているため、当年1月～4月までの給与（4/25に支給された分）で年末調整をおこないます。年末調整後、給与所得の源泉徴収票を発行し、相続人へ渡してください。

4/25給与支給日　　4/28死亡

＜事例2＞
4月25日に給与支給日があり、4月10日に亡くなった場合
　この場合、給与の支給日にはすでに亡くなっているため、給与の取り扱いにはならず、源泉所得税は徴収しません。この分については、相続財産として、相続税の課税対象となり、相続人へ支払いの手続きをします。また、振込口座は社員が亡くなったことにより、社員本人の口座は凍結されるため、相続人の振込先へ振込をしてください。
　年末調整は当年1月～3月までの給与で年末調整をおこないます。年末調整後、給与所得の源泉徴収票を発行し、相続人へ渡してください。

4/10死亡　　　　4/25給与支給日

死亡により退職した社員の給与所得の源泉徴収票の発行について

　相続人に給与所得の源泉徴収票を交付する必要があります。給与の支払を受ける者が死亡した場合には、相続人がその者の確定申告（準確定申告）を行う場合があります。

　なお、このような場合には源泉徴収票の「死亡退職」欄に「○」をしてください。

準確定申告とは

　年の中途で死亡した場合は、相続人が、1月1日から死亡した日までに確定した所得金額及び税額を計算して、相続の開始があったことを知った日の翌日から4か月以内に申告と納税をする必要があります。

・医療費控除の対象：死亡の日までに被相続人が支払った医療費となります。死亡後に相続人が支払ったものは対象に含めることはできません。
・社会保険料、生命保険料、地震保険料控除等の対象：死亡の日までに被相続人が支払った保険料等の金額となります。
・配偶者控除や扶養控除等の適用の有無に関する判定：死亡の日の現況により行います。

（ヘ）金品の返還

　社員の相続人から請求があった場合には、7日以内に賃金を支払い、積立金、保証金、貯蓄金その他名称の如何を問わず、亡くなった社員の権利に属する金品を返還しなければなりません（労基法23条）。

200

【第6章】

60歳以上の社員を
雇用する場合の税金

Topic

1

個人編─退職者側の税金

Question 1　社員を継続雇用する場合

定年まで勤めあげて、継続雇用として引き続き会社に勤めることになりましたが、税金に関して注意しなければならないことはありますか。

Answer

基本的に定年までの取り扱いと大きな変更点はありません。

　もしも、同じ会社に引き続き勤めることになり、他で仕事をしないのであれば、特に注意することはありません。定年になって、何か変わるかなと思って期待していた方には申し訳ありませんが、今まで通り会社から給料が支払われて（ただし、金額は減額されるケースがほとんどです…）、一定の所得税や住民税が差し引かれることとなり、毎月の税金の手続きに関して何ら変化はありません。また、年末になると今まで通り年末調整を会社が行います。

　例年確定申告を行っていなかった方は、特に確定申告も必要ありません。ただし、年金をもらうようになった人は、確定申告をする必要がある場合が生じますが、その点については【個人編】Q4で取り上げます。

　所得税は、個人の方にかかる税金ですが、10種類に区分されています。具体的には、利子所得、配当所得、不動産所得、事業所得、給与所得、退職所得、山林所得、譲渡所得、一時所得、雑所得の10種類です。

　10種類の所得別の区分や計算方法は、次の通りです。

202

所得の区分		計算方法
利子所得	預貯金や公社債の利子並びに合同運用信託、公社債投資信託及び公募公社債等運用投資信託の収益の分配	利子等の収入金額
配当所得	株主や出資者が法人から受ける配当や、投資信託（公社債投資信託及び公募公社債等運用投資信託以外のもの）及び特定受益証券発行信託の収益の分配など	収入金額－株式などを取得するための借入金の利子
不動産所得	土地や建物などの不動産、借地権など不動産の上に存する権利、船舶や航空機の貸付けによる所得	総収入金額－必要経費
事業所得	農業、漁業、製造業、卸売業、小売業、サービス業その他の事業から生ずる所得	総収入金額－必要経費
給与所得	勤務先から受ける給料、賞与などの所得	収入金額－給与所得控除額
退職所得	退職により勤務先から受ける退職手当や厚生年金基金等の加入員の退職に基因して支払われる厚生年金保険法に基づく一時金などの所得	（収入金額－退職所得控除額）×1/2
山林所得	林を伐採して譲渡したり、立木のままで譲渡することによって生ずる所得	総収入金額－必要経費－特別控除額（最高50万円）
譲渡所得	土地、建物、ゴルフ会員権などの資産を譲渡することによって生ずる所得、建物などの所有を目的とする地上権などの設定による所得	譲渡価額－（取得費＋譲渡費用）－特別控除額
一時所得	上の8種類のいずれの所得にも該当しないもので、営利を目的とする継続的行為から生じた所得以外のものであって、労務その他の役務の対価としての性質や資産の譲渡による対価としての性質を有しない一時の所得	総収入金額－収入を得るために支出した金額－特別控除額（最高50万円）
雑所得	上の9種類の所得のいずれにも該当しない所得	(1) 公的年金等 収入金額－公的年金等控除額 (2) 公的年金等以外のもの 総収入金額－必要経費

　このうち、会社からもらう給料や賞与は給与所得という分類に属します。定年まで毎月会社から支給される給料から所得税が控除されていたと思いますが、給与所得の計算方式に基づいて控除がされていたのです。

定年後に引き続き会社に勤める場合、通常は月給として月に1度給料が支払われると思いますが、定年までと同様に給与所得として扱われて税金の計算がされます。

　給与所得の金額は、年間の給与総額からその金額に応じて算出される「給与所得控除額」を差し引いて計算をします。給与所得控除額の算定方法ですが、2019年分と2020年分以降では算出方法が異なっており、年度別の給与所得控除額は次の通りです。

給与所得控除額（2019年分まで）

給与等の収入金額	給与所得控除額
180万円以下	収入金額×40% 65万円に満たない場合には65万円
180万円超360万円以下	収入金額×30%＋18万円
360万円超660万円以下	収入金額×20%＋54万円
660万円超1,000万円以下	収入金額×10%＋120万円
1,000万円超	220万円（上限）

給与所得控除額（2020年分以降）

給与等の収入金額	給与所得控除額
162.5万円以下	55万円
162.5万円超180万円以下	収入金額×40%－10万円
180万円超360万円以下	収入金額×30%＋8万円
360万円超660万円以下	収入金額×20%＋44万円
660万円超850万円以下	収入金額×10%＋110万円
850万円超	195万円（上限）

　ただ、少し注意しなければならないのは、他の会社でも勤める場合や雇用契約でない形態で会社に関与する場合などです。このような場合には、税金上考慮しなければならない点がありますので、別途【個人編】Q2やQ3で解説致します。

　また、定年時に退職金が支給される会社もあると思いますが、そこでもらう退職金は原則として10分類の所得のうち退職所得に分類されます。その点については、【個人編】Q5や【法人編】Q1で詳しく解説します。

Question ②　退職後にフリーランスとして会社と取引する場合

定年退職後はフリーランスになって、今までお世話になった会社と関わろう
と思いますが、注意することはありますか？

Answer

個人事業主として税務署に届け出をするとともに、確定申告をすることが必
要になります。

最近の流行というか今後の働き方の一つとして注目されているのが、フリーランス
となって働くというスタイルですよね。フリーランスの正しい定義というものはあり
ませんが、一般的には、会社に属さずに仕事に応じて契約をする人のことを言います。

税金の視点でいうと個人事業主ということになります。会社を作って、会社として
活動するケースもありますが、ここではあくまでも個人として活動するケースで検討
したいと思います。

後ほど【法人編】Ｑ２で述べますが、会社に勤めていた方が同じ会社にかかわる場
合に、その人が個人事業主と給与所得者のいずれに該当するかは重要な論点になりま
すが、ここでは個人事業主に該当するという前提でお話します。

個人事業主に該当すると所得税の所得の分類が給与所得に該当しなくなり、事業所
得あるいは雑所得に該当することになります。

事業所得と雑所得のいずれに該当するのかは、明確な線引きはありませんが、営利
性、継続性、反復性といったことを勘案して、客観的に事業といえる状況であれば事
業所得に該当します。

事業所得に該当する場合は、次のような手続きが必要になります。

まず、所轄の税務署に「個人事業の開業・廃業届出書」を提出する必要があります
(所法229)。この書類は、開業後１か月以内に提出する必要がありますので、会社と
契約をしたら速やかに手続きをするようにしましょう。

「個人事業の開業届出・廃業等届出書」のひな型は、次の通りです。

第6章　60歳以上の社員を雇用する場合の税金

		1 0 4 0

個人事業の開業・廃業等届出書

税務署受付印

_____ 税務署長

_____年_____月_____日提出

納税地	○住所地・○居所地・○事業所等(該当するものを選択してください。) (〒　　－　　　)
	(TEL　　－　　　－　　　)
上記以外の 住所地・ 事業所等	納税地以外に住所地・事業所等がある場合は記載します。 (〒　　－　　　)
	(TEL　　－　　　－　　　)

フリガナ		生年月日	○大正 ○昭和 ○平成 ○令和
氏　名	㊞		年　月　日生
個人番号			
職　業	フリガナ		
	屋号		

個人事業の開廃業等について次のとおり届けます。

届出の区分	○開業(事業の引継ぎを受けた場合は、受けた先の住所・氏名を記載します。) 　住所 _____ 氏名 _____ 事務所・事業所の(○新設・○増設・○移転・○廃止) ○廃業(事由) 　(事業の引継ぎ(譲渡)による場合は、引き継いだ(譲渡した)先の住所・氏名を記載します。) 　住所　　　　　　　　　　　　　　　　　　　　　　　氏名
所得の種類	○不動産所得・○山林所得・○事業(農業)所得〔廃業の場合……○全部・○一部(　　　　　　　)〕
開業・廃業等日	開業や廃業、事務所・事業所の新増設等のあった日　平成　　年　　月　　日
事業所等を 新増設、移転、 廃止した場合	新増設、移転後の所在地　　　　　　　　　　　　　　(電話) 移転・廃止前の所在地
廃業の事由が法 人の設立に伴う ものである場合	設立法人名　　　　　　　　　　代表者名 法人納税地　　　　　　　　　　　　　設立登記　平成　　年　　月　　日
開業・廃業に伴 う届出書の提出 の有無	「青色申告承認申請書」又は「青色申告の取りやめ届出書」　　○有・○無 消費税に関する「課税事業者選択届出書」又は「事業廃止届出書」　　○有・○無
事業の概要 できるだけ具体的に記載します。	

給与等の支払の状況	区分	従事員数	給与の定め方	税額の有無	その他参考事項
	専従者	人		○有・○無	
	使用人			○有・○無	
				○有・○無	
	計				
源泉所得税の納期の特例の承認に関する申請書の 提出の有無			○有・○無	給与支払を開始する年月日　平成　　年　　月　　日	

関与税理士	
(TEL　　－　　　－　　　)	

税務署整理欄	整理番号	関係部門連絡	A	B	C	番号確認	身元確認
							□ 済 □ 未済
	源泉用紙交付	通信日付印の年月日	確認印	確認書類 個人番号カード/通知カード・運転免許証 その他(　　　　　　)			
	0	年　月　日					

206

また、事業所得が発生すると原則として確定申告をする必要がありますが、青色申告と白色申告の２種類から選ぶことになります。

　青色申告を選択する場合は、法定の帳簿書類を備え付けて取引を記録して、保存する（所法148①）とともに、所轄の税務署長に青色申告の承認申請書を提出してあらかじめ承認を受ける必要があります（所法144,146,147）。

　青色申告を選択した場合、いくつかメリットがありますが、大きなメリットは所得計算の結果、赤字となった場合の活用にあります。赤字となった場合に他の所得の黒字と通算することは白色申告でも可能ですが、赤字が発生した年度で通算できない場合に青色申告であれば３年間繰り越して控除することができます。あるいは、純損失の繰戻し還付といって、前年分の所得に対する税金から還付をすることを選択することが可能です。さらに、青色申告特別控除や青色事業専従者給与の適用といったメリットもとることができます。

　次に、事業所得の計算方法ですが、総収入金額から必要経費を控除して算出しますが、この計算過程で、青色申告特別控除や青色事業専従者給与の適用があれば控除します。必要経費については、【個人編】Ｑ６でとりあげます。

　また、事業所得の種類によっては、報酬を支給される際に源泉徴収されることがあります。ここで控除された源泉徴収税額は確定申告時に控除して最終税額を算出することになります。払うべき税金を前払いしている状態ですので、確定申告時に精算することを忘れないようにしましょう。

■青色申告の特典の主なもの

---

(1)　青色申告特別控除：記帳し、貸借対照表及び損益計算書を確定申告書に添付して法定申告期限内に提出している場合には、所得から最高65万円の控除可能

(2)　青色事業専従者給与：配偶者やその他の親族のうち、年齢が15歳以上で、その青色申告者の事業に専ら従事している人に支払った給与は、事前に提出された届出書に記載された金額の範囲内で対価として適正な金額であれば、必要経費に算入可能

(3)　純損失の繰越し：損失(赤字)の金額がある場合で、損益通算しきれない部分の金額を翌年以後3年間にわたって繰り越して、各年分の所得金額から控除可能

(4)　純損失の繰戻し：前年青色申告をしている場合は、純損失の繰越しに代えて、その損失額を生じた年の前年に繰り戻して、前年分の所得税の還付を受けることが可能

第6章　60歳以上の社員を雇用する場合の税金

Question ③ 退職後に他の会社からも給与を受領する場合

もともとお世話になった会社の他にもう1社でも勤めることになりました。2社から給料をもらうことになりましたが、税金の上で注意する点はありますか？

Answer

原則として確定申告をする必要があります。ただし、もう1社からの給与所得が年間20万円以下の場合は確定申告をする必要はありません。

　最近は、副業を解禁する会社も出てきていますし、シニアの方が社外の取締役として活躍したり、過去の経験を活かして大学の非常勤講師として業務にかかわるなんていう事例も増えてきております。今まで勤めていた会社への勤務日数が週に4日、他社への勤務が週に1日というようなダブルワークの場合には、2カ所から給与をもらうことになるので、【個人編】Q1の場合とは扱いが変わってきます。

　まず、扶養控除申告書（正式名は、給与所得者の扶養控除等（異動）申告書）の提出についてです。扶養控除申告書は、扶養親族に関する情報を会社に提供して、毎月の源泉徴収額を会社に正しく計算してもらうために提出するものですが、この書類は1カ所にしか提出することができません。提出する先は、「主たる給与」をもらう先となり、通常は勤務時間が長く、給料が高い会社の方になります。一方「従たる給与」をもらう先には、扶養控除申告書は提出しません。つまり、扶養控除申告書を主たる給与をもらう先だけに提出する必要があります。間違って給料をもらう2カ所両方に出さないようにしましょう。

　この結果、何が変わってくるのかというと毎月の給与から差し引かれる所得税の計算方法を甲欄で行うのか、乙欄で行うのかが変わります。「主たる給与」を支払う方は、甲欄を適用し、「従たる給与」を支払う方は、乙欄を適用して源泉徴収を行います。

　甲欄の方が、同じ給料の場合でも源泉徴収税額は低くなり、乙欄を適用した方が、高くなります。乙欄の方が高くなっているのは、乙欄で給料をもらうということは、他社でも給料をもらっていることが想定され、両方の給料を合計した場合の税率が、所得税が構造上累進課税となっている関係で高くなる可能性があるので、事前に高めに徴収しておくためです。

　また、扶養控除申告書を提出した会社の方では、年末調整がされますが、扶養控除

申告書の提出がされていない会社の方では年末調整を行いません。そこで、税金の精算をするために個人で確定申告を行う必要があります。ただ、2カ所目の従たる給与の金額と給与所得及び退職所得以外の所得と合わせて年20万円以下の場合には確定申告をする必要はありません（所法121①二）。

　参考までに給与をもらっている人で次のいずかに該当する場合は、確定申告が必要になります（所法121、災害減免法3⑥）。

- 　給与の年間収入金額が2,000万円を超える人
- 　1か所から給与の支払を受けている人で、給与所得及び退職所得以外の所得の金額の合計額が20万円を超える人
- 　2か所以上から給与の支払を受けている人で、主たる給与以外の給与の収入金額と給与所得及び退職所得以外の所得の金額の合計額が20万円を超える人（←ご質問をされたケースはこちらに該当します。）
- 　同族会社の役員などで、その同族会社から貸付金の利子や資産の賃貸料などを受け取っている人
- 　災害減免法により源泉徴収の猶予などを受けている人
- 　源泉徴収義務のない者から給与等の支払を受けている人

$Question$ 4 　公的年金を受け取る場合

公的年金をもらうことになりましたが、何か注意する点があれば教えてください。

$Answer$

公的年金は、雑所得に該当します。確定申告不要制度があるので、該当すれば確定申告をする必要はありません。

　公的年金をもらうことになったということで、支払ってきた保険料の回収が始まりますね。この公的年金ですが、所得税の10の分類では雑所得に区分されます。さらに、雑所得の中でも、公的年金等は、他の雑所得とは別枠で計算をすることになっています。具体的には、公的年金等の収入金額から公的年金等控除額を差し引いて計算をします（所法35②一）。

　ここで、公的年金等と公的年金等控除額という用語が出てきましたが、それぞれについて解説をしておきます。

　まず、公的年金等とは次のようなものが該当します。

（1）　国民年金法、厚生年金保険法、公務員等の共済組合法などの規定による年金

（2）　過去の勤務により会社などから支払われる年金

（3）　外国の法令に基づく保険又は共済に関する制度で（1）に掲げる法律の規定による社会保険又は共済制度に類するもの

　会社に勤めていた方が、もらうのは通常は厚生年金保険法に基づく年金になると思いますが、上記の（1）に該当し、雑所得の中でも公的年金等に該当することになります。

　次に、公的年金等控除額ですが、年齢と年金額に応じて一定金額を収入から控除出来ることになっております。年齢と年金額ごとの公的年金等控除額は次の通りとなっています（所法35④、措法41の15の3①）。

受給者の年齢	公的年金等の年間収入金額		公的年金等控除額
65歳未満		130万円未満	70万円
	130万円以上	410万円未満	収入金額×25％＋37万5千円
	410万円以上	770万円未満	収入金額×15％＋78万5千円
	770万円以上		収入金額×5％＋155万5千円
65歳以上		330万円未満	120万円
	330万円以上	410万円未満	収入金額×25％＋37万5千円
	410万円以上	770万円未満	収入金額×15％＋78万5千円
	770万円以上		収入金額×5％＋155万5千円

これらに、基づいて公的年金等の雑所得を計算しますが、計算式は、次の通りです。

　公的年金等の収入金額－公的年金等控除額

ただ、実際は次に記載する速算表に基づいて雑所得の計算をすることが多いです。

【公的年金等に係る雑所得の速算表（2019年まで）】

　公的年金等の収入金額(a)×一定割合(b)－控除額(c)

年金を受け取る人の年齢	(a) 公的年金等の収入金額の合計額	(b) 割合	(c) 控除額
65歳未満	（公的年金等の収入金額の合計額が700,000円までの場合は所得金額はゼロとなります。）		
	700,001円から1,299,999円まで	100％	700,000円
	1,300,000円から4,099,999円まで	75％	375,000円
	4,100,000円から7,699,999円まで	85％	785,000円
	7,700,000円以上	95％	1,555,000円
65歳以上	（公的年金等の収入金額の合計額が1,200,000円までの場合は所得金額はゼロとなります。）		
	1,200,001円から3,299,999円まで	100％	1,200,000円
	3,300,000円から4,099,999円まで	75％	375,000円
	4,100,000円から7,699,999円まで	85％	785,000円
	7,700,000円以上	95％	1,555,000円

　例えば65歳以上の人で「公的年金等の収入金額の合計額」が400万円の場合には、公的年金等に係る雑所得の金額は次のようになります。

　4,000,000円×75％－375,000円＝2,625,000円

公的年金等控除額ですが、2018年度税制改正の結果、次の2点が変更されることとなりました。

・控除額が一律10万円引き下げ
・公的年金等の収入金額が1,000万円を超える場合、控除額に上限（195.5万円）が設定

　この改正は、2020年以降の年分の公的年金等控除の計算で適用され、次のように計算を行います。

①65歳未満の場合

| | | 公的年金等に係る雑所得以外の所得に係る合計所得金額 | | |
		1,000万円以下	1,000万円超 2,000万円以下	2,000万円超
公的年金等の収入金額	130万円未満	60万円	50万円	40万円
	130万円以上 410万円未満	公的年金等の収入金額×25％＋27.5万円	公的年金等の収入金額×25％＋17.5万円	公的年金等の収入金額×25％＋7.5万円
	410万円以上 770万円未満	公的年金等の収入金額×15％＋68.5万円	公的年金等の収入金額×15％＋58.5万円	公的年金等の収入金額×15％＋48.5万円
	770万円以上 1,000万円以下	公的年金等の収入金額×5％＋145.5万円	公的年金等の収入金額×5％＋135.5万円	公的年金等の収入金額×5％＋125.5万円
	1,000万円超	195.5万円	185.5万円	175.5万円

②65歳以上の場合

| | | 公的年金等に係る雑所得以外の所得に係る合計所得金額 | | |
		1,000万円以下	1,000万円超 2,000万円以下	2,000万円超
公的年金等の収入金額	330万円未満	110万円	100万円	90万円
	330万円以上 410万円未満	公的年金等の収入金額×25％＋27.5万円	公的年金等の収入金額×25％＋17.5万円	公的年金等の収入金額×25％＋7.5万円
	410万円以上 770万円未満	公的年金等の収入金額×15％＋68.5万円	公的年金等の収入金額×15％＋58.5万円	公的年金等の収入金額×15％＋48.5万円
	770万円以上 1,000万円以下	公的年金等の収入金額×5％＋145.5万円	公的年金等の収入金額×5％＋135.5万円	公的年金等の収入金額×5％＋125.5万円
	1,000万円超	195.5万円	185.5万円	175.5万円

　また、公的年金等が支給される際には、源泉徴収が行われることになっています（所法203の2）。そのため、年金を受け取る方は支払者に「公的年金等の扶養親族等申

告書」を提出する必要があります。提出を怠ると本来徴収される源泉税額よりも多くの金額が控除されることになってしまう可能性がありますので、年金機構等から申告書が送られてきましたら必ず提出するようにしましょう。

参考までに、「公的年金等の受給者の扶養親族等申告書」を掲載しておきます。記入方法は日本年金機構のホームページに詳しく掲載されていますので、必要な方はそちらをご覧ください。

公的年金等の場合は、給与所得のように年末調整は行われませんので、年間の税額を正しく計算して精算するためには、確定申告が必要です。ただ、公的年金等をもらっている方で確定申告の義務を課されている方は、限定的になっています。

具体的には、公的年金等の収入がある場合でも、公的年金等の収入金額が400万円以下で、かつ公的年金等の雑所得以外の所得金額が20万円以下であるときは、確定申告をしなくて良いことになっています（所法121③）。

上記に該当すれば確定申告をする必要はありませんが、公的年金等の場合は年末調整がないので、確定申告をすることで税金の還付を受けられる可能性があります。確定申告をする必要がない方でも試算をしていただき、仮に確定申告をした方が有利な場合は、確定申告をして税金の還付をするようにしましょう。

また、公的年金等以外に引き続き会社から給料をもらっている場合は、確定申告を要する人になる可能性もあります。【個人編】Q3で記載した確定申告が必要な人や本Q&Aで記載した公的年金等を受給している方で確定申告を要しない場合に該当するかどうかを確認するようにしましょう。

　例えば、【個人編】Q3に記載した確定申告が必要な人の例として1か所から給与の支払いを受けている人で、給与所得及び退職所得以外の所得の金額の合計額が20万円を超える人というのがあります。そのため、給料を1カ所でもらっている人が公的年金等をもらっている場合に公的年金等の雑所得の金額が20万円を超える場合は確定申告が必要となってきます。

$Question$ [5]　継続雇用になった際に退職金を受領した場合

継続雇用の切り替えのタイミングで退職金をもらいましたが、税金はかかりますか？

$Answer$

原則として退職所得になり、支払い時に源泉徴収されて確定申告も原則として不要です。

　定年に達した際に退職金が支給された場合は、所得税の所得10分類のうち退職所得に該当し、退職所得として税金の計算をすることになります。ただし、支給状況によっては給与所得になるかどうか検討が必要になる場合もあります。その点については、【法人編】Q1で解説します。

　ここでは、退職所得を前提に話を進めます。

　第5章で説明をしておりますが、簡潔に復習を兼ねて説明いたします。

　退職所得の税金計算は、次のように算出します（所法30②）。

(退職金(退職手当等の収入金額)－退職所得控除額)×1／2＝課税対象となる退職所得

退職所得控除額の金額は、以下のように計算します（所法30③⑤、所令70①）。

勤続年数	退職所得控除額
20年以下	40万円×勤続年数
20年超	800万円＋70万円×（勤続年数－20年）

　算出に当たって、次の3点の注意が必要です。

注意点その1：勤続年数に1年未満の端数があるときは、たとえ1日でも1年として計算します。

注意点その2：上記の算式によって計算した金額が80万円未満の場合は、退職所得控除額は80万円になります。

注意点その3：障害者となったことに直接基因して退職した場合は、上記により計算した金額に、100万円を加算した金額が退職所得控除額です。

退職所得の税金は、勤続年数が長いと一定の退職所得控除ができることに加えて、所得を出すにあたって2分の1を掛ける、つまり半分にしてくれるので、かなりお得になっています。

　ただ、退職金から退職所得控除額を引いた金額に2分の1を乗じていますが、勤続年数5年以下の役員等は2分の1をすることができません。短期間しか働いていない役員には税金計算上、所得を半分にするメリットを与えていないのです。

　また、退職金の税金は、分離課税といって他の所得と合算することなく分離して計算をしますので確定申告をする必要がなかったですよね。

　留意すべき点としては、退職金の支払いに際して、「退職所得の受給に関する申告書　退職所得申告書」を勤務先に提出する必要があるという点です。この書類を提出しておけば、上記で算出された税金が源泉徴収されますので、税金の精算をする必要がないため、確定申告する必要はありません。

　それに対して、「退職所得の受給に関する申告書　退職所得申告書」を勤務先に提出しなかった場合は、支払金額の20.42％（所得税及び復興特別所得税）が源泉徴収されますが、退職所得に対して算出される税額が源泉徴収された税額よりも多くなる時は、不足分を精算するためには確定申告をする必要があります。

　なお、「退職所得の受給に関する申告書　退職所得申告書」の書き方は第5章**2**(2)（170ページ）をご参照ください。

Question ⑥ 退職後に業務委託に切り替える場合

業務委託に切り替えた方が、税金がお得と聞きましたが本当ですか？

Answer

事業所得の場合必要経費が認められますが、あくまでも事業のための経費でなければなりません。家事上の経費は必要経費にはなりません。

　ご質問をされた方は、恐らく個人事業主となって、確定申告をした方が税金上得するという観点でご質問されていると思います。

　【法人編】Ｑ２で説明をしますが、単純に業務委託に切り替えましたといっても個人事業主になれるとは限りません。個人事業主に該当するかどうかについては、いくつかの判定要素がありますので、ご自身がそれらに該当するかどうかをきちんと判断するようにしてください。

　ここでは、質問者の方が、個人事業主に該当した前提で話を進めます。

　個人事業主に該当すると【個人編】Ｑ２で説明をしましたが、事業所得（あるいは雑所得）として確定申告をすることになります。ご質問をされた方が、「お得」と言っているのは、事業所得の方が税金を支払わなくてよいというイメージを抱いているからではないかと思われます。

　給与所得に該当した場合は、給与収入から給与所得控除を差し引きますが、給与所得控除の金額は給与の金額が決まると自ずと決まってしまいます。

　それに対して、事業所得は、総収入金額から必要経費を控除して計算します。計算構造上、収入金額は、虚偽に申告でもしない限り会社と契約した内容で決まってきますので、この数字は変わらないと思います。ただ、必要経費は行っている事業に関係する経費であるとして計上すれば、かなりの金額を計上することも可能です。必要経費が多ければ多いほど事業所得は少なくなりますので、結果として支払う税金は少なくなります。

　質問者の「お得」というのは、何でも必要経費にしてしまえると思ってのことかもしれません。

　ただ、事業所得の計算上、計上できる必要経費というのは、あくまでも収入を得るために直接必要な売上原価や販売費、管理費その他費用のことをいい、家事上の経費は必要経費にはなりません。

　ですので、事業に関係のない家事上の飲食費などは必要経費としては認められませ

第6章　60歳以上の社員を雇用する場合の税金

217

ん。

　また、交際費、家賃、水道光熱費などのうち一つの支出が家事上と業務上の両方に
かかわりがある費用（家事関連費といいます。）となる場合もあり得ます。

　このような家事関連費のうち必要経費にすることができるのは、取引の記録などに
基づいて、業務遂行上直接必要であったことが明らかに区分できる場合のその区分で
きる金額に限られます（所令96）。

　実は、このように必要経費として認められるための要件というのは厳しく定められ
ていますので、必要経費の金額は思った以上にならないケースが多いです。

　税務調査で必要経費とは認められず、否認されるものとして次のような費用があり
ますので、あてはまるものがないかどうか確認してみてください。

　　・事業に使っていない車両関係の費用
　　・プライベート用に購入した電化製品代金
　　・事業に関係ない友人との飲食代や旅行代

　そのため、質問者の方がいうような「お得」にならずに、給与所得控除額を引いた
給与所得の方が「お得」という場合も多いのです。

　定年後の会社への関与の仕方に関して、選択の自由があったとしても、個人事業主
として関与していくのか、給与所得者のまま関与していくのか税金の観点からも考え
てみるようにしましょう。

218

$Question$ 7 高年齢雇用継続基本給付金を受領した場合

> 高年齢雇用継続基本給付金を受け取りましたが、税金計算上考慮すべきで
> しょうか？

$Answer$

> 高年齢雇用継続基本給付金は課税の対象とはなりません。

　第1章で高年齢雇用継続給付金制度（雇用保険法）について、説明をしております
が、60歳以降企業で継続して働く場合に、賃金が以前の75％未満になるときに、65
歳まで賃金の低下を補うものとして高齢者雇用継続基本給付金の支給を受けることが
できます。

　定年を60歳に設定している会社で継続して雇用がされたとしても賃金水準が下が
るのが一般的で、賃金水準が75％未満になるケースは少なくありません。

　そのため、高齢者雇用継続基本給付金が支給される方は多いと思いますが、受け取っ
た給付金の課税関係は気になるところです。

　結論から申し上げますと、高齢者雇用継続基本給付金は所得税の課税の対象となり
ません。高齢者雇用継続給付には、基本給付金の他に、60歳以降一度会社を退職し
て失業保険を受け取っていて、再就職した際に支給残日数が残っている場合に受け取
れる高年齢再就職給付金もありますが、こちらの給付金も同様に課税の対象とはなり
ません。

　所得税法では、原則として個人に帰属するすべての所得を課税の対象としています
が、所得の性質や担税力の見地から所得税を課すことが適切ではないと考えられるも
のは非課税所得として所得税を課税しない取り扱いとなっています。

　給与所得者の方の場合、勤務先から出張・転勤等のために支給される旅費で通常必
要と認められるものや勤務先から受け取る通勤手当で一定金額（1か月あたり最高
15万円）以下のものなどは非課税所得として扱われています（所法9①四、五）。

　今まで、定期券代金などが実費で支給されていたと思いますが、その際は別途所得
税を源泉徴収されていなかったと思います。それは、このように非課税所得として扱
われる旨の規定がされていたからなのです。

　ご質問いただいております高齢者雇用継続基本給付金についても、非課税所得の一
つとして規定されています。雇用保険法において、高齢者雇用継続基本給付金は失業
等給付の一つに該当し（雇用保険法10）、その上で、失業等給付として支給を受けた

金銭に対しては課税をすることはできないとされています（雇用保険法12）。

　ですから、高齢者雇用継続基本給付金は受け取っても税金はかかりませんので、多少給料が下がったとしても、税金のかからない給付金と税金のかかる給料を合計すると定年前と比べて大きく手取りが下がらないケースもありますので、定年後に会社から提示される給料が下がったとしてもすぐにがっかりしないでください。

Topic

2

法人編─会社側の税金

Question [1] 継続雇用にした際に退職金を支払った場合

定年後に継続雇用に切り替わる社員に退職金を支払いますが、継続雇用をしても退職所得として扱ってよいでしょうか？

Answer

継続雇用する人に定年時に退職金を支払う場合、後日定年までの期間に対して再度退職金が支払われなければ退職所得として扱えます。

退職金制度がある会社において、定年を迎えた会社員に退職金を支払う場合に、検討すべきことはその退職金が退職所得になるか給与所得になるかどうかです。【個人編】Q5でお話をしましたが、所得税は退職所得に関しては、給与所得よりも優遇されていて、通常税金は低くなります。そのため、従業員のことを思えば、退職所得となるように仕組みを組んであげるべきでしょう。

そもそも退職所得とは、退職手当、一時恩給その他退職により一時に受ける給与及びこれらの性質を有する給与（これらを「退職手当等」といいます。）に係る所得をいいます（所法30）。

すなわち、退職所得として課税される退職手当等とは、退職しなければ支払われることはなく、退職したことを理由に一時に支払われることとなった給与をいいます。

そのため、定年後も引き続き勤務をする人に支払われる一時金が退職所得として扱われるのかどうかという疑問がわきます。退職所得として扱われない場合、給与所得として扱われることとなり、定年を迎えた会社員にとっては税金面でかなり負担が増えることになってしまいます。

一般的には、定年時に退職金を支払って、その後継続雇用をした場合において、継

第6章 60歳以上の社員を雇用する場合の税金

221

続雇用期間中は退職金の制度がない会社が多いと思います。このような場合は、定年時に支給した退職金は退職所得として課税してよいことになっております。

　具体的には、引き続き勤務する使用人に対し退職手当等として一時に支払われる給与のうち、定年に達した後引き続き勤務する使用人に対して、定年に達する前の勤続期間に係る退職手当等として支払われるもので、その後に支払われる退職手当等の計算上その給与の計算の基礎となった勤続期間を一切加味しない条件の下に支払われるものは、退職手当等となり、退職所得として課税されると定められております（所基通30－2（4））。

　このため、その後新たに退職金が発生するとしても既に支給した期間を計算上重複して計算しない限り、定年時に支給する退職金は退職所得として扱ってよいことになっています。

　最近では、定年の年齢自体を引き上げているケースもありますが、そのような会社の場合に、当初定めた定年である60歳時点でいったん退職一時金を支給する場合はどのように考えるのかという問題もあります。

　この点について、納税者から照会がされて、熊本国税局が行った回答が公表されています。

　照会の概要は次の通りです。

　前提条件
・従業員の定年を2019年4月1日以降は60歳から64歳に延長することが決定
・定年延長に伴って、従業員の入社時期にかかわらず、一律で定年延長前の定年である満60歳に達した日の属する年度末の翌月末までに退職一時金を支給する予定

　照会内容
　所基通30－2（5）には、労働協約等の改正により、いわゆる定年を延長した場合に、旧定年（延長前の定年をいいます。）に達した使用人に対し、旧定年に達する前の勤続期間に係る退職手当等として支払われるもので、その支給をすることにつき相当の理由があると認められるものであれば、引き続き勤務している場合でも退職所得として扱ってよい旨の記載があります。その通達を参考に、従業員の入社時期にかかわらず、旧定年時（60歳）を基準に支払われる退職一時金は、退職所得して扱ってよいのか照会がありました。

照会への回答

　熊本国税局の回答は、定年延長決定前に入社した従業員については満60歳に支給する退職一時金については、退職所得として扱ってよいとしております。これに対して、定年延長決定後に入社した従業員に対するものについては、すでに定年延長が就業規則等で決定した後に入社していることから、定年延長した場合に該当しないとして、仮に改定後の定年（64歳）前に一時金が支給された場合は、退職所得に該当しないと考えられると回答しています。

　この回答によれば、定年延長決定後に入社した社員が定年延長前の定年である満60歳に達した日の属する年度末の翌月末に退職金を受け取った場合は、退職所得にならず給与所得になることになります。改定後の定年である64歳に支給されれば退職所得となります。

　定年延長は従業員にとってはありがたい話ですが、退職金の支給時期によって税金がかなり異なってきますので、注意が必要です。

■定年延長と退職一時金の扱い

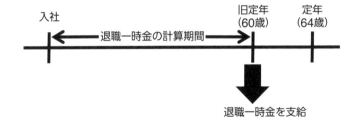

Question 2 　退職後に業務委託に切り替える場合

定年後は業務委託に切り替えることを検討しておりますが、注意する点はありますか？

Answer

給与なのか外注費なのかは形式と実質を総合的に勘案して判断する必要があります。

いままで正社員として働いてもらっていた社員に、定年後に継続して仕事をしてもらう場合に、雇用を前提としないで、個人の方と業務委託契約や請負契約を締結して関与してもらう方法もあります。【個人編】Q2で質問があったケースです。

この場合に、注意をしなければならないのは、支払う企業側が雇用を前提とした給与として支払いをするのか、業務委託等を前提とした外注費になるのかです。給与に該当すれば給与所得に対する源泉徴収が必要になりますが、外注費の場合は、業務の内容に応じで源泉徴収の要否を判断する必要があります。

受け取った側に関しても、給与の場合は給与所得になりますし、外注費の場合は個人事業主として事業所得（規模等によっては雑所得）となります。

また、消費税に関しては前者の給与になれば消費税の対象外取引となりますが、後者の外注費になると課税取引に該当します。

いずれになるかによって、支払う側も受け取る側も税務の扱いが異なってきますので、判断を適切に行うことが重要です。

外注費にあたるかどうかの判断をするにあたって、税務では以下の項目を判断基準として掲げています（消基通1-1-1）。

(1)　その契約に係る役務の提供の内容が他人の代替を容れるかどうか。

(2)　役務の提供に当たり事業者の指揮監督を受けるかどうか。

(3)　まだ引渡しを了しない完成品が不可抗力のため滅失した場合等においても、当該個人が権利として既に提供した役務に係る報酬の請求をなすことができるかどうか。

(4)　役務の提供に係る材料又は用具等を供与されているかどうか。

それぞれをどのように判断するのかを見ていきましょう。

224

まず、（1）については、その契約に係る役務の提供の内容が他人の代替を容れられるようであれば、外注費に該当します。業務委託であれば他の人が仕事を仕上げたとしても対価が支払われるという趣旨です。

（2）については、役務の提供に当たり事業者の指揮監督を受けなければ、外注費にあたります。雇用の場合は、労働時間の管理等を行う必要がありますが、業務委託であれば仕事を行うにあたって時間管理等は自己の裁量で行えるという趣旨です。

次に（3）については、まだ引渡しを了しない完成品が不可抗力のため滅失した場合等においても、当該個人が権利として既に提供した役務に係る報酬の請求をなすことができるかどうかについて、請求ができないようであれば外注費に該当します。業務委託の場合は成果物に対して対価をもらうので、業務が完了していない以上は報酬をもらえないことになります。それに対して給与の場合は労働時間を基準に報酬が支払われるので、完了していなくとも支払いは行われます。

最後に（4）については、役務の提供に係る材料又は用具等を供与されていれば給与に該当しますが、供与されていなければ外注費にあたります。これは、各種の経費を外注であれば自分で用意しますが、雇用であれば会社が用意してくれるという趣旨です。

このように給与になるのか外注費になるのかは、絶対的な線引きがないため、実態を総合的に勘案して判断する必要があります。いずれに該当するかによって、支払う法人としては源泉徴収の有無、消費税の認識の有無が異なってきますので、注意深く判断するようにしましょう。

■外注と判断されるポイント

（1）本人以外が役務の提供をしたとしても良いか
（2）会社から指揮監督を受けていないか
（3）不可抗力で滅失した場合は請求できないか
（4）材料や用具等は支給されずに自分で用意しているか

Question 3 雇用に関する給付金を受領した場合

会社で雇用に関して給付金の支給を受けましたが、税金計算で気を付ける点はありますか？

Answer

給付金は、法人税は課税対象、消費税は課税対象外となります。

第3章「60歳以上の社員の雇用と助成金」（P87）でいくつかの給付金を取り上げました。

ここでは、受け取った給付金の税金上の取り扱いについて法人税と消費税の側面から解説をしたいと思います。

まずは、はじめに法人税の取り扱いです。

損益計算書上、給付金は雑収入として処理しているケースが多いと思いますが、この雑収入は法人税法上課税の対象となります。個人の方が高年齢雇用継続給付を受け取った場合は、【個人編】Q7で非課税になりますとお話をしましたが、給付金を受け取った会社については、非課税の規定はありませんので、法人税が課されることになります。

法人税の対象として課税されるタイミングですが、給付金等の種類によってタイミングが異なってきますので、注意が必要です。

まず、法人の支出する休業手当、賃金、職業訓練費等の経費を補填するために雇用保険法、労働施策の総合的な推進並びに労働者の雇用の安定及び職業生活の充実等に関する法律、障害者の雇用の促進等に関する法律等の法令の規定等に基づき交付を受ける給付金等については、その給付の原因となった休業、就業、職業訓練等の事実があった日の属する事業年度終了の日においてその交付を受けるべき金額が具体的に確定していない場合であっても、その金額を見積り、当該事業年度の益金の額に算入するものとするとされています（法基通2-1-42）。

これは、給付金による補填を前提として経費の支出がされることになるので、見合いとして支給を受ける給付金の見積計上をすることで、費用と収益の対応をはかることが求められております。そのため、決算時においては、経費の計上だけが先行して、給付金の計上がされていない場合は、未収計上をすることが必要になります。

もうひとつのパターンとして、会社が定年の延長、高齢者及び身体障害者の雇用等の雇用の改善を図ったこと等によりこれらの法令の規定等に基づき奨励金等の交付を

受ける場合がありますが、この場合は、あらかじめ収益の見積計上をする必要はなく、支給決定を受けた時点で収益計上をすれば良いとなっています（法基通2-1-42（注））。これは、一定の基準をクリアした場合に支給される報奨金としての性格のものであって、経費の支出に対する補填という性格のものではないからです。

ただ、この場合も1点注意が必要で、「支給決定を受けた時点で収益計上」をすることが必要となっていますので、期末時点で入金がなくても支給決定の通知を受けている場合は、未収計上をしなければなりません。決算時点で支給決定通知が来ていないか確認をするようにしましょう。

最後に、消費税についてですが、給付金は消費税の課税対象ではありません。通常雑収入の勘定科目で経理処理をするとシステム上自動的に消費税が課税扱いになるケースが多いと思います。経理処理をする際に、消費税コードが課税対象となっている場合は、課税対象外に変更をすることを忘れないようにしましょう。

■雇用関連助成金の税務処理

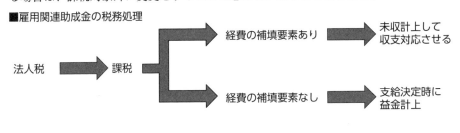

参考文献

〔第1章〕
厚生労働省ホームページ「高齢者の雇用」
厚生労働省職業安定局高齢・障碍者雇用対策部作成資料「高年齢者雇用安定法改正のポイント」（平成24年11月）
内閣府「高齢社会白書」
東京都産業労働局「平成24年度高齢者の継続雇用に関する実態調査」
ハローワーク「雇用保険事務手続きの手引き」

〔第2章〕〔第3章〕
厚生労働省ホームページ
『労務事情』2018年1月号
SJS社労士情報サイト
『リスク回避型就業規則・諸規程作成マニュアル』（日本法令）
公益社団法人全国シルバー人材センター事業協会ホームページ
『いい会社にするための「高齢者雇用」の進め方』（日本法令）
独立行政法人 高齢・障害・求職者雇用支援機構ホームページ

〔第4章〕
厚生労働省都道府県労働局労働基準監督署「高年齢労働者に配慮した職場改善マニュアル」、「時間外労働の上限規制わかりやすい解説」
厚生労働省「事業場における労働者の健康管理情報等の取扱い規程を策定するための手引き」
東京労働局労働基準部「高年齢労働者の安全と健康」
厚生労働省「仕事と介護の両立支援ガイド」
内閣府「高齢社会白書」
ハローワーク「雇用保険事務手続きの手引き」

〔第5章〕
厚生労働省・都道府県労働局・厚生労働省「遺族（補償）給付　葬祭料（葬祭給付）の請求手続」
国税庁ホームページ

会社紹介

CSアカウンティング株式会社

　国内最大級の会計・人事のアウトソーシング・コンサルティング会社であり、約200名の公認会計士・税理士・社会保険労務士などのプロフェッショナル・スタッフによって、上場企業や中堅企業を中心に会計・税務、人事・労務に関するアウトソーシング・コンサルティングサービスを提供している。

　会計、税務、購買管理、販売管理、給与計算、社会保険、会計・人事のクラウドコンピューティングサービスなどクライアントの要望・形態等に合わせたサービスで、会計・人事の課題をワンストップで解決している。

社会保険労務士法人ＣＳＨＲ

提携するCSアカウンティング株式会社と共にＣＳ（顧客満足）をモットーとして、社会保険・労働保険事務手続き/各種規程作成・相談/人事制度設計/退職金・年金制度設計/会社分割・合併対応サービス等を提供している。

〒163-0631
東京都新宿区西新宿1-25-1　新宿センタービル31階
電話番号：03-5908-3421　／　FAX番号：03-5339-3178
URL：http://www.cs-acctg.com/

執筆者紹介

緒方明日香／特定社会保険労務士
中谷友美／特定社会保険労務士
檜澤理恵子／社会保険労務士
渡辺万里／特定社会保険労務士

中尾篤史／公認会計士・税理士

著者との契約により検印省略

令和元年12月1日 初 版 発 行 　60歳以上の社員を
　　　　　　　　　　　　　　　　雇用する手続きと税金

著　　者　社会保険労務士法人CSHR
　　　　　CSアカウンティング株式会社
発 行 者　大　坪　克　行
印 刷 所　株 式 会 社 技 秀 堂
製 本 所　牧製本印刷株式会社

発 行 所　〒161-0033 東京都新宿区　　　株式　税務経理協会
　　　　　下落合2丁目5番13号　　　　　　会社
　　　　　振　替 00190-2-187408　　　電話 (03)3953-3301 (編集部)
　　　　　ＦＡＸ (03)3565-3391　　　　　 (03)3953-3325 (営業部)
　　　　　　　URL　http://www.zeikei.co.jp/
　　　　　乱丁・落丁の場合は，お取替えいたします。

© 　社会保険労務士法人CSHR・CSアカウンティング株式会社　2019　Printed in Japan

本書の無断複写は著作権法上での例外を除き禁じられています。複写される
場合は，そのつど事前に，(社)出版者著作権管理機構（電話 03-3513-6969,
FAX 03-3513-6979, e-mail：info@jcopy.or.jp）の許諾を得てください。

JCOPY ＜(社)出版者著作権管理機構 委託出版物＞

ISBN978-4-419-06648-2　C3032